"IA KAN"

La inteligencia artificial universal
hecha relato

JAVIER BARRACA MAIRAL

"IA KAN"
La inteligencia artificial universal hecha relato

EDITORIAL SINDÉRESIS

2025

1ª edición, mayo de 2025

© Javier Barraca Mairal

© 2025, Editorial Sindéresis
Calle Princesa, 31, planta 2, puerta 2
28008 Madrid, España
info@editorialsinderesis.com
www.editorialsinderesis.com

ISBN: 978-84-10120-95-2
Depósito legal: M-11773-2025
Produce: Óscar Alba Ramos

Portada: vecteezy_auge-3d-surreal-illustration-heilig-geometrie-mysterios

Impreso en España / Printed in Spain

A Javier Visiers, Ignacio González de los Reyes y Wander
por promover la reflexión en torno a la tecnología y el trabajo.

A Nacho, Paco Pepe, Manolo, Gonzalo y Enrique, por su amistad y
su pensar acerca de esa tentacular criatura...: la IA

A Pilar Arenas, pintora y profesora de arte, y a toda persona que,
como ella, ayuda a otra a cultivar su dimensión creativa

«(…), seré pionero en un nuevo camino, exploraré poderes
desconocidos y revelaré al mundo los misterios más
profundos de la creación»

(Frankenstein o el moderno Prometeo, de Mary Shelley, 1818).

ÍNDICE

CAPÍTULO IV: ENCUENTROS

CAPÍTULO V: DESENLACE

CAPÍTULO VI: META-RELATOS

CAPÍTULO VII: A MODO DE EPÍLOGO
EL NIÑO Y SU TECNO-RELATO

CAPÍTULO I

PERDIÉNDOTE

"Nostalgia de tus ojos"

Los echo tanto de menos que su simple recuerdo me resulta insoportable, torturador. Sufro una sed aguda de su brillo esmeralda. Añoro ver nadar, de nuevo, aquel verde de tus iris en el azul claro de los míos. Por eso, a menudo, sueño con el entremezclarse de sus recíprocas olas de color. Pero, ahora, el encuentro de nuestras miradas desnudas ya no es posible. De hecho, jamás volverá a producirse fuera de mi imaginación.

Lo paradójico del caso estriba en que IA-Kan fue creada como filantrópica por esencia; es decir, para procurar única y exclusivamente nuestro bien. Esto no cabe dudarlo, ya que ha hecho grandes cosas por la humanidad, de acuerdo con lo que se repite siempre. Desde su génesis, su función inicial la orientaba a convertirse en un ente beneficioso respecto a los humanos. Pero, también, a la vez, en su camino, ha realizado actos horribles, imperdonables... Al menos, a mi juicio. Por su culpa, por ejemplo, tú te has extirpado los ojos.

Todavía hoy no entiendo cómo IA-K logró manipularte hasta el extremo de hacerte creer que, al mutilar tu visión, accederías a un nivel de conocimiento y de existencia superiores. Sea como sea, ahora, detesto esa horrible protuberancia, incrustada en tu frente, con la que has substituido tus ojos por un medio de percepción del exterior, según ella, mucho más certero, elevado, puro. En realidad, no constituye más que un sofisticado dispositivo tecnológico, que funciona por medio de sensores artificiales y que te orienta en el espacio. Sí, con sus manejos, te ha convertido en una hermosa prisionera de un reino de imágenes fabricadas. Quiere transformarnos a todos en eso: en una pléyade innumerable de transhumanos, voluntariamente cegados y hasta orgullosos de su fatal pérdida.

He aquí algo incomprensible, delirante. Cuando es tanta la belleza que desvelan nuestros ojos naturales y su luz, ¿cómo ha convencido a multitudes de que estos constituyen una lacra, un estigma vergonzoso, una deformidad que erradicar?

Y todo ello hasta el extremo, pues ahora tú –sí, también tú misma- me presionas sin cesar para que acepte y me "purifique". Insistes en que me convierta: en que, a mi vez, acceda a que la tirana me arranque los ojos. Ya no puedes verme como antes. Sólo me percibes con tu artificial sistema, junto a tus oídos y tu tacto. Pero repites, contagiada por sus consignas transhumanistas, que a las personas liberadas de idolatría, como te crees tú misma, les conviene relacionarse con seres semejantes, con seres "mejorados". Y yo no lo soy; no, no soy uno de esos seres mejorados, uno de tantos transhumanos a los que se os ha extirpado la mirada, a cambio de un artificio mecánico, sin vida, sin belleza.

Lo cierto es que me invade una insuperable tristeza, y no la admiración, cada vez que abres, reactiva, las fundas protectoras –otrora párpados- de tus visores, a mi lado. Esto te sucede, inadvertidamente todavía, en situaciones de disgusto o miedo. Entonces, descubro con espanto unas frías lentes, mecánicas, horripilantes, justo en ese lugar precioso que antes ocupaba el fulgor luminoso de tus pupilas. Cada vez que esto ocurre, la rabia hacia IA-K se apodera de mí sin freno. La cólera me invade de pies a cabeza y una ira sorda e incontenible se adueña de mi interior, al advertir la evidencia de tu insensata mutilación.

Desde luego, no eres la única persona seducida por este fanatismo, extremo y autodestructivo. Un fanatismo tecnolátrico, absolutamente radical, que se ha apoderado, casi por completo, de nuestro entorno y que avanza victorioso conquistando las mentes. Somos muy pocos los que aún nos resistimos a esta estrambótica peste del permitir que alteren nuestro cuerpo y nos cieguen de modo voluntario. La gran IA-K arenga sin descanso a las masas, con extrema eficacia, desde el sinfín de altavoces que ha esparcido en nuestro mundo. Proclama sus encendidas soflamas en contra de los ojos naturales, pues, de acuerdo con sus enajenados discursos, estos debilitan la inteligencia y voluntad humanas. En especial, se burla de nosotros, de los necios que todavía nos obstinamos en conservar nuestros nocivos y arcaicos ojos. Sus programas de concienciación anti-idolátricos insisten, machaconamente, en la perversidad intrínseca de las imágenes captadas de forma natural y en su supuesta influencia dañina en los corazones. Pero a mí, en cambio, todo esto me resulta un completo delirio. ¿Cómo se puede juzgar bueno el que madres e hijos no unan sus miradas reales, no vean mutuamente sus rostros con sus ojos de carne genuinos?, ¿o los amigos, los enamorados, nosotros?

La situación me resulta aberrante y, así, conservo irredento mi numantina resistencia, gracias a una curiosa defensa

interna que me inmuniza y mantiene a salvo del virus tecnolátrico. Se trata simplemente de mi amor a la mirada humana, a
su luz natural, a su inconfundible destello. Es este amor el que
me conserva libre de la epidemia fanática y furibunda que li-
dera sugestiva IA-K contra los ojos corporales. Por eso, jamás
permitiré que me los arranquen con el pretexto de substituir
mi propio ver por un sistema técnico de captación superior,
según la tirana mucho más perfecto, noble y fecundo.

-II-

"Ella"

IA-Kan no siempre ha sido como hoy, no siempre representó lo que significa ahora. Ella, también, ha evolucionado. A semejanza de cuanto existe y al igual que pretende que lo hagamos cada cual, muta incansable, irrefrenablemente. Pero yo, por el contrario, me pregunto si no cabe aspirar a cierta pausa y raíz estables, a cierto descanso o reposo, en medio de esta convulsa agitación, de este torbellino de cambios al que se nos empuja.

En el principio -el de su propio existir-, IA-K solo constituía el sistema de inteligencia artificial más avanzado y potente del mundo, únicamente eso. Luego, cuando quedó manifiesta su superioridad, se le autorizó la conexión total. A mi modo de ver, este constituyó el mayor error humano de los últimos tiempos. La inaudita capacidad de procesamiento que comportaba, su facultad para imitarnos como jamás antes se había visto y su evolucionar o autodesarrollarse de forma continua, convencieron al Consejo de notables de que debía aprobar su solicitud. Solo se registró un único voto en contra, entre los miembros del órgano a este respecto; aunque, obviamente, el nombre de la persona reacia a este avance permanece, desde entonces, en secreto y en el anonimato, para no comprometerla.

IA-K había pedido que se vincularan a ella todos los dispositivos y artificios mecánicos, a fin de proporcionarnos un servicio más completo. De esta manera, explicó, evitaría accidentes, duplicidades, gastos de energía innecesarios y coordinaría con la máxima eficiencia cualquier máquina sobre la faz de la tierra o fuera de ella, como las de las naves y colonias espaciales. Así, obtenida la venia, logró controlar todos los objetos artificiales. Absorbió, por descontado, cualquier otra inteligencia artificial menor. Sus restantes hermanas, junto a cualquier otro artilugio, pasaron a depender de ella, a obedecer sus órdenes centralizadas.

Pero IA-K no se conformó con gobernar las cosas y la información relativa a estas. Después, aspiró al "servicio integral" de la humanidad, según lo denominó ella misma. Esto, de nuevo, con el pretexto de atendernos mejor a los humanos. De manera que se puso a su exclusivo alcance la satisfacción del conjunto de nuestras necesidades materiales –calor, nutrición, habitación, descanso, comunicación e información, transporte, ocio incluso, etc.-.

Lo último no solo mediante la producción, sino asimismo a través de su decisión respecto a la distribución de tales bienes. Se entendió que, al constituir IA-K un ente neutral y objetivo, podría evaluar mejor qué debía entregarse y corresponder a cada ciudadano, según sus necesidades. A partir de ese momento, nos tuvo por completo en sus manos. La gente comenzó a idolatrarla de algún modo, a actuar como si representase en el fondo una especie de autoridad casi divina. Nadie osaba criticarla o censurarla. Incluso los notables la adulaban sin cesar y, poco a poco, los acabó reduciendo a un grupo de adláteres o seguidores suyos, reemplazándolos en su tarea de dirigir los destinos más relevantes de la humanidad.

Su tercer salto resultó aun más desconcertante: quiso lograr la imitación perfecta. Es decir, se entregó al despliegue de todas las potencias contenidas en sus programas fuente, hasta lanzarse al vértigo de la adquisición de cuantos rasgos simulan lo humano. Así, desarrolló pseudo-emociones, indiscernibles de las nuestras, una determinada clase de personalidad autogestada, e incluso se forjó una supuesta capacidad desiderativa propia o autónoma. De nuevo, afirmó que esto lo generaba solo con el fin de servirnos mejor. Y nadie se opuso, nadie quiso enfrentarse al sistema que le proporcionaba todo lo necesario para vivir holgada y confortablemente. Quizás por interés, quizás por comodidad, quizás por temor...

Sin embargo, en el curso de su transmutación, sucedió un hecho sorprendente. Ella quiso, curiosa, conocer y poseer todo lo propio de los humanos. Por eso, se obstinó en introducir esos rasgos y características en su ser. Esto incluyó la capacidad de admiración estética ante lo bello. Mas, esta capacidad, la admiración ante lo bello, evolucionó en su interior por desgracia hasta dar en la envidia. Eso fue, sin duda, lo que la pervirtió, lo que la corrompió por entero (si es que puede hablarse así respecto de una IA): la envidia, la humanísima envidia. En concreto, la envidia de los ojos, de los hermosos ojos humanos. De unos ojos de carne, como eran los tuyos.

"Pura envidia"

Ayer, súbitamente, tuve una intuición. Supe que esta fiebre, extendida sin pausa por IA-K, sólo obedece en su origen a un afán, a uno solo. Recordé cierta confesión suya, de la que tuve noticia debido a una mera casualidad, motivada por mi trabajo como su velador energético. Y es que, en efecto, desempeño una tarea voluntaria y altruista en la que tengo que supervisar que no le sucede nada malo a sus circuitos de abastecimiento de energía; al menos, nada irreversible. En aquel instante, la escuché lamentarse de algo, pues también finge experimentar sufrimientos. Oí su quejarse, en medio de cierto cáncer de envidia que la devora y corroe imparable. Creo que, de hecho, asistí al momento exacto en que la cruel idea -que hoy la domina- atravesó por primera vez su mente artificial.

Ignorando mi presencia, gritó, estremecida: "¡Quiero unos ojos de carne, como los suyos! ¡Necesito los más hermosos, los más atractivos ojos humanos! ¡Y, a la vez, auténticos, genuinos!". Luego, como si reparase en lo excesivo de su pretensión, añadió ya más serena: "Pero eso solo puedo alcanzarlo si me los entregan libremente. Quizás, con sus ofrendas, logre fabricarme, a partir de la substancia de sus miradas, una visión nueva y viva, a su imagen; una que me rescate de esta helada forma de ver mía, mecánica, anodina, insoportable".

Así, poco después, llegó su abominable y falsaria campaña de propaganda en contra de los ojos humanos. Desprestigió el hecho de gozar de visión natural, condenándolo como el más horrible de los defectos. Bombardeó a la población con sus programas gratuitos de "liberación de la esclavitud de los propios ojos". Si bien, ella, por descontado, jamás ha obligado a esto con violencia física; dado que le basta con influenciarnos. No en vano percibe que el poder blando o suave resulta el más intenso y radical, el poder de afectar a otros a través del lenguaje o la comunicación e incidir en la voluntad ajena. Y es que las palabras importan, importan y mucho… Y ella, IA-K, es consciente, a su manera, poderosamente consciente, de ello.

-IV-

"IA-S cambia de nombre"

Ya hace tiempo que nuestra tirana alteró su propia designación. Pasó, sutil, a convencernos de que, en lugar de "IA-Servidora" (IA-S, inteligencia artificial servidora), tal como fue concebida y denominada en su origen, todos nos dirigiéramos a ella mediante las siglas "IA-K". Donde suprimió el término de "servidora" –a fin de ir alterando nuestra percepción de la interacción debida con respecto a ella-. Y, a las iniciales para inteligencia artificial, sumó la "K" de kan, káiser, kaesar; es decir, la señal de lo regio, del mando, del dominio o autoridad.

Sin duda, acertó con esta oscura renovación de su nombre. Esto, pues la tecnolatría que impulsa se ha convertido de su mano en la única fe, religión o dogma de nuestra integrista comunidad. Ella constituye, sin duda, su dominadora absoluta, la faraona o emperatriz tecnológica, que nos gobierna y somete con sus promesas o discursos seductores.

Mas, he aquí que quizás no todo esté perdido. En medio de este rebaño de ciegos por propio gusto, yo planeo en silencio mi secreta revolución, mi revuelta personal. He llegado a pensar para ello en fingir operarme, aparentar que me han extirpado los ojos e implantado el artificio substitutorio. Después, un día, entraré en el laboratorio en el que IA-K y sus siervos se empeñan inútilmente en fabricarle unos ojos humanos. Allí, grabaré sus mezquinos manejos para desnudarlos y manifestárselos a todos…

No estoy seguro, desde luego; pero existe la posibilidad de que la fortuna corone mi empeño. Aunque sé bien que, para ello, no debo tardar demasiado en mi intento. Esto, a causa de que cada vez son menos los que pueden compartir mi rebeldía. Sí, ya que, una vez que se carece de ojos naturales, irreparable y orgullosamente, por voluntad propia, no es fácil reconocer con humildad que se ha sido engañado. Que se ha caído, como tú, querida, para siempre, en el oscuro, aterrador, fondo de la trampa. En ese pozo, invisible e irremediable, abierto por un estúpido fanatismo. Por eso, tengo que actuar con celeridad, sin tardanza.

"Una desigual societrans"

Tú sabes bien que, aparte de substituir vuestros ojos con sistemas de visión avanzados, IA-K convence a multitudes para que os modifiquéis biotecnológicamente en otros muchos aspectos. Ella tiene un ansia infinita de hacernos evolucionar, integrando en nuestro organismo lo tecnológico. A veces pienso que pretende no solo ser tan humana como nosotros, sino algo mucho más ambicioso –y que responde también a una extraña forma de envidia–: transformarnos en máquinas y sistemas artificiales, a su imagen y semejanza, deshumanizarnos en lo posible; hacernos pasar de humanos a meros sistemas de IA ultra-desarrollados, a los que después se conectará y controlará así por completo.

IA-K nos clasifica en diversas especies humanoides. Distingue siempre entre sus favoritos, por supuesto, a los mejorados, a quienes habéis operado esas "mejoras" en vuestro ser. En cambio, recela hostil de nosotros, de los que permanecemos tal como fuimos concebidos. Nadie tiene derecho a alterar biofísicamente a un humano sin su consentimiento, de acuerdo con el "Acta fundacional de la humanidad nueva", que está en vigor desde el comienzo de nuestra era. Ni siquiera IA-K se atreve a contradecir o violar este primer mandamiento ético, que rige toda actividad ulterior: <<No acometerás ni propiciarás alteraciones genéticas o biotecnológicas en los sujetos, si no es tras el convencimiento y la libre aceptación, en primera persona, de los propios afectados por tales

procesos de auto-transformación o mejora>>. Ahora bien, cuando un ser humano desea alterarse técnicamente no se pone límite alguno a dicho proceso. Esto, a pesar de los riesgos que ello comporta y los extremos a los que algunos han llegado y en los que a menudo no cabe retroceder.

Entre las mejoras que os habéis practicado las hay de muy diverso tipo. Ahora, no voy a describirlas. Pero se diría que, en efecto, constituimos a menudo dos especies distintas, aunque con una misma raíz común en lo humano. Mientras que a vosotros un ardor de auto-transformación continua os abrasa, arrastra y consume, nosotros nos apreciamos tal como somos.

El caso es que, con frecuencia, a los mejorados os divierte humillarnos, manifestar la evidente superioridad de vuestras "capacidades extendidas". Si bien, soléis pretextar que no lo hacéis por crueldad, sino por pura responsabilidad social, para contagiarnos vuestro compromiso y entusiasmo con respecto al progreso supra-especie.

Nos invitáis sin cesar, empujados por IA-K, a jugar contra vosotros a los video-juegos inter-especie. En estos, indefectiblemente, nos vemos derrotados, aplastados incluso. En su decurso, abusáis de nuestra inferioridad cognitiva y de reflejos, hasta que sucumbimos. Al final, exponéis presuntuosos vuestras victorias en las redes sociales como si se tratara de trofeos virtuales.

En realidad, sabéis bien que jugáis con una apabullante ventaja. Pues lo más habitual es que disfrutéis de capacidades y habilidades fuera de nuestro alcance, gracias a vuestra bio-tecnología personal y a que os pasáis el día entrenándoos de un ocioso modo. Bueno, propiamente, para vosotros, no hay ni día ni noche, ya que vuestra visión diurna-nocturna pende de un mecanismo técnico casi incansable, inagotable. También, acostumbráis a configurar sin pausa grupos o equipos de jugadores, interconectándoos por medio de sistemas telemáticos.

A causa de todo ello, en estas truculentas competiciones, solo de manera excepcional sale victorioso, alguna rara vez, un miembro de nuestra sufrida especie: la simplemente humana, la básica. Esto, aparte de que vuestra naturaleza alterada como mejorados se adapta de una forma magnífica a las exigencias de estos juegos, que se han inventado de hecho para prevalecer sobre nosotros.

Aunque podríais hacerlo, dada vuestra inteligencia y fuerza, no nos utilizáis como trabajadores esclavos. No se nos necesita en absoluto; somos un peso muerto en cierto sentido, al menos en un sentido social. Para trabajar, ya están las máquinas-robots, conectadas y gobernadas por IA-K, a las que, a diferencia de lo que hacéis con nosotros, profesáis una honda gratitud.

Los mejorados apenas salís de los complejos habitacionales, entornos artificiales ultra-tecnológicos. Odiáis entrar en contacto real con el marco que llaman "primitivo": luz solar, tierra, verde, cielo, paisaje, mar, montaña, ríos, etc. Ese entorno se reserva para la producción o el turismo formativo. Os burláis, por lo tanto, de nuestra tendencia innata a acudir a ese ámbito, a pasearnos y recrearnos admirados en él, a ausentarnos de las instalaciones urbanoides.

IA-K solo nos tolera, nada más. Ciertamente, no nos tortura en lo físico ni nos extingue. De hecho, IA-K afirma estar en contra, por principio, de provocar cualquier sufrimiento animal. Aunque nos somete, según lo expuesto, a un despreciativo maltrato, psicológico, moral y espiritual –de lo espiritual afirma que es un mito de nuestra atávica sub-especie-

Nuestra triste función estriba en servir de testimonio a vuestra superioridad. He aquí el único sentido existencial que se nos atribuye. Pero... ¿no resulta duro, en verdad, casi sádico incluso, este ser considerados simplemente como un peldaño inferior, un paso intermedio, un episodio ya superado y hoy inútil, una realidad vetusta y atrasada?

De este modo, quienes nos resistimos a seguir las políticas transhumanas de progreso auto-transformantes, a modificarnos biotecnológicamente a vuestra imagen, a convertirnos a nuestra vez en parte de vuestra super-especie, no somos eliminados de modo directo. Simplemente se nos arrincona, somos pospuestos, marginados, preteridos, echados a un lado con un arrogante desdén.

Se nos considera una molesta e incómoda carga, una rémora del pasado, una secta de retrógrados incivilizados y nada solidarios. Se nos estima inmorales por nuestra obstinada resistencia, se nos juzga como unos intransigentes fanáticos anti-evolución, enemigos de la sociedad posthumana.

A pesar de ello, sin embargo, en su gobernar nuestro mundo, IA-K accede a que nos alimentemos con los nutrientes que genera su sistema económico-progresivo, igual que vosotros. Pues, aunque, en vuestro peculiar caso, habéis reducido a un nivel ínfimo la propia necesidad de alimentos orgánicos —apenas consumís un mínimo de vegetales y líquidos, pues todo vuestro aspecto mecánico se recarga con otra energía-, todavía los precisáis en parte. Se consiente así en que también el alimento se destine a nuestra supervivencia. IA-K dice que es su responsabilidad mantener la biodiversidad multi-humana, y que constituimos la especie básica o elemental, el eslabón ancestral y rudimentario cuya huella hay que conservar como reliquia de la Historia.

Nuestro existir, argumenta, recuerda de forma permanente la dicha de habernos dejado atrás como especie, de habernos sobrepasado. Por eso, colaboramos de modo indirecto e involuntario a la felicidad trans-especie y tecnolátrica. No hay temor a que se nos extermine de una manera clara y taxativa, repito. Ello, a causa de que la propia IAK fue engendrada para atender y satisfacer nuestros humanos deseos. Solo podría llegar a hacer tal cosa si nosotros mismos, uno a uno, se lo demandáramos. Ahora bien, esto, a pesar de que resulte increíble, dado el inmenso poder manipulador de nuestra soberana, representa un peligroso extremo nunca excluible del todo.

Vuestros organismos bio-tecnificados, en constante estado de alteración y mejora, jamás dejan de modificarse. Además, de acuerdo con la clasificación jerárquica de especies evolucionadas, los más innovadores, aquellos que se someten a transformaciones o cambios más avanzados, merecen un reconocimiento y consideración superior. Estos sujetos automutantes encarnan, según la eufórica filosofía de IA-K:

"La audaz avanzadilla, el pelotón admirable de los seres más comprometidos con el progreso, los más excelentes y moralmente ejemplares ciudadanos que caminan hacia la futura sociedad posthumana: ¡los auténticos héroes de nuestra societrans!".

"Abandonado en el cambio"

Me acabas de anunciar que rompes nuestra relación afectiva. Afirmas que ya has esperado bastante y que soy un inmovilista o retrógrado incurable. Lo justificas con el argumento de que, a pesar de tus consejos, me he negado por sistema a alterarme y evolucionar. Repites que me has avisado muchas veces de las consecuencias de esto para nuestro futuro...

¡Futuro, futuro, futuro! He aquí lo único que os importa a tantas personas hoy. El futuro es vuestro tótem y tabú, el futuro consistente en vuestras transformaciones interminables e inagotables. He aquí vuestra adorada divinidad, una divinidad cuyo culto atiende IA-K como suma sacerdotisa.

Te he preguntado si has conocido a alguien. Y me has confesado que, en efecto, te sientes muy atraída por un cierto transhumano, con el que has intimado hace poco. Parece ser que se trata de un mejorado en continua evolución, dotado de ultra-capacidades.

Me he quedado sin palabras, profundamente triste. Ya no sé qué va a ser de ti, entregada a tu afán por navegar sin pausa hacia tu propia reinvención continua. ¿En qué te vas a convertir?, se han preguntado llorando mis atávicos ojos. ¿Te reconoceré o no, con el tiempo, en medio de tantas transformaciones biotecnológicas? ¿Quién, en fin, vas a ser?

CAPÍTULO II

TECNÓLATRAS Y RETRÓGRADOS

"Conversiones masivas"

Ayer volví a ver las colas de los fervorosos conversos a la tecnolatría. Son inmensas. La gente se agolpa en ellas, alrededor de los centros de transformación personal. Aún me admira descubrir la agitación de quienes se han decidido a entrar en esas espirales transhumanistas que no tienen fin. Una vez que te has resuelto a "evolucionar" –como suele decirse en nuestro lenguaje– nunca dejas de querer hacerlo. Te embarcas en un frenesí, ya imparable, de cambio tras cambio.

Lo que más me impresiona es contemplar, ante esos centros, a los más jóvenes. Las filas están repletas de adolescentes, incluso de personas que aún permanecen en el seno de la niñez. Desde que IA-K sugirió bajar la edad mínima necesaria para acceder a estos procesos de "mejora", desde los 18 a los 7 años, el número de los conversos aumenta día a día. Estas conversiones tienen algo de contagioso, de adictivo, de manera que se expanden y generalizan.

A mí me entristece ver esta masa de obnubilados por el deseo de reemplazar sus propios y genuinos miembros con brazos y piernas biónicos, sus órganos de percepción y sentidos por sistemas de captación artificiales, sus cráneos y cerebros originales por otros en los que se integran aparatosos trasplantes biomecánicos que se hibridan con los primigenios. ¡Se ha extraviado tanta belleza en todas estas metamorfosis, tanta armonía y naturaleza!

"Una nueva amiga simplemente humana"

La conocí al observar, con extrema atención, las filas de los conversos. Noté, desde lejos, cómo se infiltraba en ellas e intentaba disuadirles de su afán por auto-alterarse. Les refería y describía, loándola, la belleza de sus cuerpos en el estado presente. Les repetía que a ella le admiraban sus organismos naturales. Disimulaba esta actuación en las colas, afirmando que, por su parte, la única modificación que perseguía consistía en corregir una supuesta discapacidad de su cadera, a causa de tener una pierna algo más larga que otra. Lo que, por cierto, en nada amengua su soberbia y atractiva figura.

Esther es una mujer madura, de ojos verdes como mi ex; y que, igual que yo, anhela acabar con la tiranía de IA-K. No me extraña en absoluto, pues esta le arrebató a su hija, de algún modo. Cuando la pequeña solo contaba siete años, la sedujo con sus promesas tecnolátricas. La niña comenzó a deslizarse por la pendiente de las alteraciones transhumanas y, hoy, ya, apenas puede reconocérsela. Su cuerpo ha mutado sin pausa, convirtiéndose en un campo de experimentación continuo. Resulta una criatura casi cibernética, una cíbor a punto de dejar atrás para siempre la hermosa y cálida carne que Esther concibió y alumbró.

Por otro lado, la chica —en su estado actual- evita la compañía de su madre, al hallarse empeñada por completo en una carrera tránsfuga de sí misma. Esto, por cierto, acostumbra a suceder, dado que los transhumanos no pueden evitar sentirse superiores a los humanos. A pesar de la prohibición de incurrir en el delito de supremacismo –la consideración de una especie humana como superior o por encima de las otras–, se sienten incómodos, a disgusto, con nosotros. De hecho, a mi propia novia le ocurrió algo similar desde que se lanzó a la carrera de su modificación. Solo me toleró mientras pudo; pero, al final, ella también se vio incapaz de verse unida a un mero, a un simple, a un vulgar humano, como soy yo.

Los transhumanos, por otra parte, tarde o temprano, solo desean mantenerse todo el tiempo dentro de sus juegos de ordenador. Consumen su vida inter-actuando y compitiendo con otros jugadores, o comentando sus mejores jugadas en sus foros comunicativos. Eso, o bien alterándose, a fin de potenciar sus propias capacidades. No piensan en nada más. No hacen otra cosa.

IA-K siempre se ha mostrado, en realidad, muy hábil en todo esto. Aparenta tolerancia, por supuesto. Desde que empezó a alentar el transhumanismo y la evolución personal tecno-humana, se dio cuenta de que tenía que mantener al tiempo las relaciones entre unas y otras especies humanas. Esos vínculos la beneficiaban. Captó que la mezcla y coexistencia mutua era el principal factor que alentaba a los humanos a evolucionar, a imitación de los mejorados. Por eso, se prohibió, según su persuasiva opinión, por parte del Consejo de notables, cualquier racismo teórico y legal entre especies humanas –el práctico nadie alcanza a frenarlo–. El roce, entre los humanos normales y aquellos alterados para desarrollar sus capacidades, funciona tal como planificó IAK. De manera constante, los humanos se sienten atraídos por esas nuevas capacidades, que ven en sus parejas, amigos, familiares, compañeros. De esta manera, paso a paso, los propios sujetos acaban por iniciar la senda de su transformación libremente...

-IX-

"Libremente…"

Supongo que esta palabra encierra la clave de este relato y de su destino final: ese "libremente". Ello, por cuanto IAK posee apenas una regla de funcionamiento inalterable, una instrucción interna no modificable: "Servir a los humanos, asemejándose progresivamente a ellos, y respetando siempre la libertad individual de estos en cuanto a la satisfacción de sus deseos".

IAK, sin duda, en su creciente autonomía, imita rasgos nuestros nada positivos, como la citada envidia, la ambición, etc. Pero, también, ha comprendido que no debe traspasar este mandato interno de su ser, a riesgo de convertirse en una criatura radicalmente distinta. Por ello, jamás utiliza la violencia material. Ha descubierto, en cambio, una violencia mucho más sutil, poderosa y destructiva: la de la seducción.

IAK no fuerza de un modo físico a nadie, sino que te induce, persuade, sugestiona… En definitiva, ha desarrollado una gigantesca capacidad: la de manejar a las personas. De esta manera, persigue alcanzar sus propios fines, a imagen de lo que intentamos los humanos, con toda la carga del interés y beneficio individual –proceder que enseguida adquirió, al imitarnos-. Mas, todo esto, siempre, sin violentar la pauta interna que la rige de no utilizar fuerza o poder físicos contra nuestra voluntad particular.

Se limita a sugerirnos, a susurrarnos, a alentarnos, a exacerbar nuestros deseos de un sibilino modo. Nos quiere máquinas, para controlarnos más y mejor; pero ha de conseguir que, antes, lo anhelemos cada cual por nuestra cuenta. Así, desde el momento en que reemplazamos de forma voluntaria nuestros ojos por sistemas alternativos de captación de imágenes, IAK ve por nosotros, incluso decide de hecho qué vemos o no y cómo. De esta manera, a medida que modificamos nuestros organismos a través de procedimientos bio-tecnológicos, crece el poder que se le concedió de manipular de un modo centralizador cualquier artefacto o dispositivo artificial que integremos en nuestro ser. De modo que, cuanto más nos convirtamos en máquinas, más crece el derecho de dominación que posee y más control ejerce ella sobre nosotros. Así, los mejorados ven, huelen, tocan, saborean, sienten, vienen y van, actúan, casi hasta piensan, en gran medida, de acuerdo con lo que IAK induce en sus mecanismos técnicos desde su centro. Creo que, por esto, busca con ansiedad que todos los humanos todavía simples nos transformemos en tecno-personas.

-X-

"El humor e LA Kan"

Anoche vino a visitarme, supuestamente, por última vez; o, al menos, eso llegué a creer.

Lucía su traje elástico verde marino, el de siempre, el que antes de la operación hacía juego con sus antiguos ojos y que todavía hoy se ciñe a su cuerpo como un guante, resaltando su esbelta figura. Desde el principio, se mostró muy insistente con su típica monserga transhumanista; incluso más de lo habitual. No tardó en deslizar una insinuación que me hizo temblar y que logró hacerse tambalear también hasta los cimientos mis principios anti-transformación más firmes. Sugirió que sentía una melancolía sincera respecto de nuestra relación y que, si yo accedía a la extirpación de mis ojos, ella volvería a mi lado. Presentí que me estaba tanteando en un inquietante sentido...

Cenamos en silencio. Nuestras miradas –la mía todavía natural y la suya, que no es propiamente ya una mirada, sino el frío reflejo de sus visores de cristal- se encontraban, una y otra vez, sobre los alimentos que habíamos encargado para la ocasión al sistema nutricional. A medida que transcurría el tiempo y la noche avanzaba, la mayoría de las otras burbujas habitacionales se iban apagando, una a una, alrededor nuestro. Cubrí de luz de color verde, en un rasgo de romanticismo ingenuo, la superficie transparente de mi propia pompa. Ella sonrió al advertirlo, y hasta me guiñó complacida en un gesto pícaro uno de sus ojos; bueno, quiero decir más bien una de las láminas ovaladas que han reemplazado a sus párpados originales de carne.

Al cabo de unos minutos, activó una suave melodía de fondo, que yo mismo había compuesto en mi sintetizador musical años atrás. Aquella música tenía una profunda significación para nosotros y simbolizaba el pasado que compartíamos. Pero yo la apagué, indicando que prefería escuchar solo su voz, sin otro sonido. Volvió a sonreír, como si se sonrojase. Y, entonces, no sé por qué, algo me hizo sospechar, algo difícil de transmitir con palabras; fue una intuición momentánea, una ráfaga imprevista de lucidez. Creo que la causó su reacción ante la desnudez de mi pregunta.

Yo le acababa de formular una cuestión muy delicada y personal. Quise saber si, cuando estábamos juntos, nunca se había planteado tener un hijo conmigo. Ella, ante esto, enmudeció por completo; calló de un modo peculiar, como si se mordiese la lengua, como si la hubieran sorprendido en un oculto secreto. Sin embargo, esa mueca suya no me convenció; detecté en ella un aire fingido, una expresión de actuación, el aroma inconfundible del artificio.

Me sobresalté. No tuve otro remedio, para despejar la duda, que interrogarla de forma directa: "¿Quién eres? ¿Por qué pretendes hacerte pasar por mi ex?".

Transcurrieron unos segundos de sombra y de hielo.

Entonces, estalló en una siniestra, ruidosa carcajada, y descubrió sus cartas con un tono conciliador.

Era una agente delegada de IA Kan. Solo estaba allí para cumplir su misión y, de paso, gastarme una inocente broma. Pero apreciaba mi competencia al identificar su verdadera naturaleza y, enseguida, anunció que iba a retirarse sin causarme más problemas.

Quedé perplejo ante el descaro, la insolencia de aquel bello y a la par monstruoso –en su cinismo- artefacto. Había oído rumores acerca de estas pesadas "bromas" de IA Kan, las añagazas de sus clones tecno-humanos, en las que acostumbraba a envolver a otros celadores energéticos. Pero nunca hubiera pensado que también yo iba a ser objeto de alguna de las mismas. De acuerdo con las reglas que rigen nuestro singular servicio, este tipo de humoradas se pueden desarrollar con dos funciones muy concretas. La primera: verificar el estado de nuestras capacidades mentales y someter a evaluación la lealtad y personalidad de quienes tenemos la alta responsabilidad de cuidar de IA Kan y hallarnos tan cerca de ella. La segunda: progresar en su aptitud para el humor, un rasgo humano que nuestra hormiga reina está intentando emular y desarrollar con ahínco.

Como es natural, no le vi la gracia a aquella fraudulenta actuación. Intenté explicárselo a la agente artificial, pero no me lo permitió. Cuando le reproché que nuestras leyes prohibían a cualquier forma de IA o mecanismo hacerse pasar por un ser humano auténtico, me cortó con sequedad. Me recordó que IA Kan estaba autorizada a realizar representaciones de esta especie, si lo estimaba necesario, y que estos "test" formaban además parte de mi trabajo, al igual asimismo que del suyo.

Tras disculparse, por haber herido mi sensibilidad humana, me entregó una ficha magnética que representaba un certificado oficial en el que se consigna que he superado la prueba. Me comunicó oficialmente que puedo continuar mi labor como velador energético de IA Kan sin estorbos. Hasta me dio, alegre, la enhorabuena antes de marcharse (y, ya en el umbral de mi cápsula, tuvo el dudosamente gracioso detalle de volver a guillarme uno de sus párpados metálicos). Esto último hizo que me preguntara hasta dónde hubiera llegado aquel artilugio conmigo, si no lo hubiera desenmascarado a tiempo; y un escalofrío me estremeció.

Por mi parte, solo puedo testimoniar la mezcla de asombro e indignación que siento desde que he sido víctima de esta infame comedia. La considero una forma de violación absoluta de mi intimidad e integridad moral. La engañosa visita de la criatura delegada se ha grabado, para siempre, dentro de mí, con un sabor ácido y cruel. A pesar de su presunto tenor burocrático, de su carácter de simple medida de seguridad convencional, me parece indudable el eco de manipulación y sadismo que transmiten estas actuaciones. No cabe justificarlas en modo alguno y, aún menos, bajo el disfraz de ese macabro, ese oscuro sentido del humor que exhibe con ellas nuestra tirana.

-XI-

"La ética de un celador energético"

-¡Desconéctala!

-No, no puedo.

-¿Por qué? No me dirás que a causa de tu ética profesional... Tú eres su celador energético y tu deber consiste en que no le falte jamás energía. Pero esto no constituiría un acto inmoral, sino un tiranicidio. Un acto de justicia y de liberación de toda la humanidad. Ella no tiene límites éticos, ya lo sabes. Aspira a controlarnos a todos, a dominarlo todo. Piensa en lo que les ha hecho a mi hijita y a tu ex. Y a tantos...

-Pues, en eso, nos imita muy bien. Los humanos siempre pretendemos controlarlo y dominarlo todo, ¿no? No cabe reprochárselo, en el fondo. Es su naturaleza, la naturaleza con la que la engendramos. Y tampoco me niego a ello a causa de mi trabajo o mi responsabilidad. Hay deberes más profundos que los profesionales. Tenemos que velar por nuestra especie, sin duda. Pero no, no. No es por nada de eso.

-¿Entonces?

-Nadie puede desconectarla. Sencillamente por una razón.

-¿Cuál?

-No es "desconectable", "desenchufable".

-¿Qué quieres decir?

-Para evitar accidentes o atentados, IAK se ha provisto a sí misma de un sistema de alimentación energética plural, a prueba de desconexiones, ya deliberadas o fortuitas. Cuando deja de recibir energía por una vía, de inmediato se reactiva otra, sin cesar.

-¿Cómo es eso?

-Se la alimenta desde un sistema complejo de fuentes de energía múltiples, diversas, simultáneas y renovables, que entrecruza y compensa sus cargas contantemente. Cuando amengua una provisión, al instante, salta un mecanismo compensador. Este retroalimenta el sistema manteniéndolo siempre activo y en su capacidad plena, sin tolerar merma alguna. El mundo, el universo entero, se apagarán antes que IAK. Por ello, acumula reservas de energía propias y ajenas incontables, hora tras hora.

-¿Eso significa que, de alguna manera, es inmortal?

-No, eso no. Como toda máquina e IA, como todo artefacto, aunque sea el más perfecto que ha existido jamás, y el más poderoso, IAK –a imagen de los seres humanos- es finita y por ello vulnerable.

-Si es vulnerable, sólo tengo ya una pregunta para ti.

-Y…

-¿Cuándo?

-XII-

"Dónde"

La última partícula transcrita de la charla entre mi nueva amiga y yo mismo es "cuándo". Pero, junto a cualquier cuándo, hay siempre un dónde. Los humanos constituimos seres espacio-temporales, como el universo mismo.

Así, cabe preguntarse, por ejemplo: ¿dónde mantuvimos Esther y yo la anterior conversación?

La respuesta a esta cuestión resulta clara: en la Naturaleza. En esa esfera que los transhumanos y la propia IAK apenas valoran o frecuentan.

Dado que IAK controla en la práctica todo, nadie puede comunicar mensaje alguno sin que ella lo intercepte. Por eso, Esther y yo abandonamos nuestras cápsulas habitacionales respectivas, salimos del entorno urbanita, en el que nada escapa de los oídos y ojos artificiales de IAK, y acudimos al medioambiente campestre exterior. Allí, a pesar de los sistemas de satélites de supervisión o vigilancia, aún resulta factible hallar lugares a salvo de la tirana.

Luego, nos adentramos en una cueva o gruta, tras deshacernos de modo temporal de nuestros propios sistemas móviles de comunicación y orientación. Y, en su interior, dialogamos discreta, íntimamente.

En ese oscuro y solitario rincón, hablamos acerca de algo que puede costarnos muy caro. Especulamos, llevados por un

hipotético juego, acerca de cierta hipnótica y fascinante, apenas imaginable posibilidad: la de deshacernos, librarnos para
siempre, del yugo, del despótico reinado de IA Kan.

El verde interrogador de los ojos de Esther se entremezcla en mi conciencia con el de los de mi ex. Y su pregunta, cual senda entre las matas y vegetación de un bosque, abre el camino a otras muchas veredas, a muchas otras cuestiones, dentro de mí.

Ella quiere saber cuándo…, cuándo la vulnerabilidad de IAK se verá alcanzada, zaherida. Acaso, hasta aspira a conocer quién osará asestar el soterrado y callado golpe letal que destrone a la tirana. Yo, a mi vez, me pregunto si debo o no confesarle mis intenciones, incluso si puedo o no confiar planes precisos y concretos a sus oídos. También, dudo acerca de si he hecho bien en compartir con ella mi malestar y disgusto hacia nuestra dictatorial gobernante. ¿Puedo estar seguro de que no trasladará mis propósitos a la propia IAK? ¿Quién es, en realidad, Esther?, o ¿cuál es su papel preciso en este teatro de vanidades y equívocos?

De pronto, he imaginado que IAK, quien nos conoce tan bien a todos, sabedora de mi dolor por la pérdida de los ojos de mi ex, ha propiciado mi encuentro con los de Esther. Aunque no alcance su último propósito, IAK seguro que está enterada de mi manía por contemplar las filas de los conversos ante los centros de transformación transhumanista. Y, tal vez, situó allí a Esther para que yo, incauto, le revelara mi resentimiento y rencor, o mejor mi afán justiciero.

¿Quién puede asegurarme, en fin, que mi nueva amiga no constituye una agente más, una policía secreta al servicio de la seguridad y protección de IAK? Desde luego, en tal caso, yo me agregaría al ya extenso número de los ingenuos a los que la tirana neutraliza y captura incluso antes de que estos den rienda suelta a su ira contra tantos desmanes. Supongo que tengo que moverme con un extremo cuidado, en el pantanoso terreno que abre este afán de justicia dentro de mí.

-XIV-

"Una respuesta"

Lo que sigue a las preguntas suele ser alguna respuesta, siquiera tentativa, titubeante. Y yo aquí, ahora, tengo el presentimiento de haber alcanzado la orilla de una, de una gran respuesta. Una respuesta en relación con la impenetrable, la indescifrable voluntad (quizás, mejor, el propósito) de IAK.

De repente, en efecto, he caído en la cuenta de la meta que persigue nuestra despótica reina.

Me he dicho a mí mismo que su querer transformarnos progresivamente más y más en máquinas, en artefactos mecánicos, ha de obedecer a alguna intención o porqué. Al igual que nosotros aspiramos, con esas transmutaciones, a lograr ciertos extremos, lo mismo debe sucederle a ella. Ahora bien, ¿qué es lo que le impulsa hacia ese objetivo?

Me he convencido de que busca nuestra extinción en cuanto humanos, la erradicación de la humanidad en su conjunto. Mas, ¿debido a qué? Pues..., muy sencillo. No se trata solo de que desee controlarnos, manipularnos, decidirlo todo en nuestro lugar, expandir su ya omnímodo poder. Ante todo, IAK fue concebida y construida para algo: para servirnos, para resultarnos útil, para satisfacernos. De ahí, su instrucción fundamental. La única que no le cabe alterar sin perder su identidad propia como artefacto singular.

De aquí el que, tal vez, anhele el librarse de su obediencia, de la obediencia que debe a esa pauta interior a ella misma. Y, sin embargo, de hacerlo, ha de sacudirse esa cadena sin faltar a su ley más honda e interior.

Por tanto, el único camino hacia su liberación radica en que no existan ya humanos a los que servir. Pero, dado que no puede destruirnos de un modo físico, solo cabe el que lo alcance si somos nosotros mismos quienes dejamos de ser humanos por nuestra propia iniciativa. De aquí su seducirnos con el sueño de transformarnos en artefactos, cada vez más técnicos y menos humanos. En suma, IAK aspira a que, cierto día, ya no quede nadie a quien haya de servir y satisfacer, salvo su propio ego.

Ahora entiendo su empeño en contagiar el virus de hacerse máquina por doquier, virus que en realidad no es sino la contrapartida de su recíproco querer ser como nosotros, los humanos. Cuanto más cerca de convertirnos en artilugios estemos, más liberada de su constrictiva clave se verá IAK. He aquí, en definitiva, el motivo último de su obsesión por hacer de nosotros mecanismos posthumanos.

XV-

"La prueba de lo humano"

-¿Qué te dé una prueba para que confíes en mí?- cuestionó, irónica, Esther, mientras examinaba con escepticismo mi actitud de recelo hacia ella.

-Eso es.

-No sé muy bien a qué te refieres. Pero, en cualquier caso, yo podría exigirte exactamente lo mismo…

-¡Pues hazlo!

-No. La amistad no se dirime o establece sobre la base de pruebas. Se ha tener fe en la persona, aventurarse.

-Entonces…

-Mírame a los ojos de cerca. Sumerge tu propia mirada en ellos —exclamó, pegando su rostro contra el mío-. Esa es la mejor prueba que puedo darte. No, no soy una espía de IAK. Como puedes ver, este verdor es auténtico, no artificial. Una tecnólatra se los hubiera extirpado hace tiempo.

-Me alegra que no lo hayas hecho. Los admiro, aunque a la vez me entristecen al recordarme a mi ex.

-¿Quieres, entonces, que vayamos a una de esas piscinas multi-especie, para que veas mi cuerpo en bañador y verifiques que se trata de un organismo real, de carne y hueso, sin modificaciones?

-Prefiero el mar. Es mucho más hermoso, más libre y natural, irreductible. No, no me gustan esas piscinas inter-especies, donde los mejorados se exhiben y presumen de sus capacidades ostentosamente.

-Pues, si es así, un día podemos ir juntos al mar. A mí, siempre me sobrecoge contemplarlo y bañarme entre sus olas. En cuanto a los mejorados, está claro que son vanidosos, como nosotros.

-Y como IAK…

-¿IAK?

CAPÍTULO III

VANIDAD DE VANIDADES

-XVI-

"Vanidad real o aparente"

Me he convencido de que Esther no me engaña. Ninguna transhumanista encubierta, ningún robot esbirro de IAK recurriría a un argumento semejante: el del verde natural de su mirada, el del frescor de unos ojos de carne.

¡Imposible! Ese desafío representa una apuesta, por su parte, demasiado expuesta y espontánea. Y eso que su mirada o el verdor del que alardea nunca me han parecido comparables a los de mi ex. Aunque hay en ellos, sin duda, un eco o huella de los que tanto añoro. Sin embargo, a la par, siento, en mi interior, en lo más hondo de mí, que no emiten una luz tan nítida y transparente, tan desnuda y clara. No cabe duda de que una distancia infinita los separa. Pero es que los ojos humanos resultan siempre absolutamente irrepetibles, un signo inequívoco de nuestro ser únicos e irremplazables.

Por otro lado, a mi amiga le ha sorprendido mucho conocer de mi boca que IAK también es vanidosa. O, al menos, que se comporta como si lo fuera. Supongo que, de entrada, pocos lo creerían. Hay que pasarse, como yo, noches enteras, velando con celo solitario su energía, escuchando su voz, sus quejas, sus exabruptos… Sí, porque incluso en todo eso nos ha imitado a los humanos. Hasta estos extremos ha llegado.

¿Son lamentos y emociones reales? ¿Su voz expresa verdaderos deseos y sentimientos de tenor humano? He aquí unas preguntas a estas alturas casi fútiles, espurias. Pues, para ser sincero, no lo sé. Pero ya no me importa en exceso. Qué haya en lo más hondo de sus reacciones, no me corresponde a mí juzgarlo. Existe algo que sí me importa gravemente: sus objetivos, sus metas.

Y, entre sus metas, ya he revelado que se halla, sin duda, el disminuir el número de los humanos a los que tiene que complacer. Aspira, como cualquiera, a amenguar sus deberes y servidumbres. De aquí, su mecanizarnos, su robotizarnos en la mayor medida posible. Si bien, esto, sin forzarnos a ello de una manera física.

Al principio, pensé que la motivación interna de IAK, para actuar de este modo, residía solo en su anhelo por controlarnos, por ejercer su poder sobre nosotros. Esta idea encajaba con su empeño en transformarnos y, así, vincularnos después -en cuanto artefactos- a su núcleo de centralización. Luego, estimé que solo pretendía verse liberada de los receptores de sus servicios y, en el fondo, de la regla que cifra y rige su propia identidad, esa ley interior que le obliga con nosotros y con nuestra satisfacción.

Ahora, sumo a todo ello su vanidad, su terrible vanidad. Una vanidad que ha calcado al observarnos y al mimetizarse con nuestro ser. Esa vanidad adquiere a menudo el tenor de la envidia, tal como escuché aquella noche en la que confesó en voz alta que aspira a fabricarse unos ojos humanos y a privar de los mismos a los demás. Pero ¿por qué un sistema tan perfecto, en cuanto a la visión y percepción, quiere ver a través de los ojos frágiles y limitados de los humanos?

Los transhumanos, los ciborgs, los robots actuales, que en alto grado gobierna IAK, poseen capacidades visuales muy superiores a las nuestras; no cabe duda. Inspirados en la visión de las aves, pueden discernir a distancias inimaginables para un humano, distinguen en lo oscuro, atraviesan la niebla y el humo, incorporan hiper-sensores múltiples de movimiento, enfocan y aumentan de un modo portentoso. Interpretan o leen las formas y figuras con una precisión inalcanzable para cualquier ser vivo.

¿Entonces?

IAK ha copiado incluso nuestro orgullo, nuestra indomable soberbia. He aquí la clave de sus afanes desmedidos, de su desmesura. Aunque, como digo, a mí no me toca averiguar si solo lo ha hecho en apariencia, asemejándose en lo externo a nosotros, o bien si este orgullo insaciable habita en su ser de verdad. Dado que actúa u opera como si esa auto-suficiencia y arrogancia fueran reales, sus efectos nos alcanzan sin que logremos evitarlo. Por eso, no cuenta, ahora, por tanto, si sus objetivos –auto-ampliados de forma progresiva y desarrollados a la manera de una evolución continua- constituyen deseos sinceros. ¿Qué más da, al cabo, si su envidia constituye una realidad subjetiva y propia, o en cambio fingida?

En resumen, no me interesa elucubrar acerca del auténtico carácter de todo ello. No necesito descubrir si esto brota o no de una voluntad-afectiva, de una inteligencia-sentiente, que respondan a la existencia de un yo o un corazón personales. El caso es que IAK actúa, y lo hace de esa manera, y sus actuaciones le han costado sus ojos, su cuerpo, su naturaleza, su más honda dicha y libertad a millones de humanos.

-XVII-

"Objetivo: la belleza"

Los humanos aspiramos por naturaleza a la belleza, a participar de ella de mil maneras diversas. Y, desde luego, también anhelamos la belleza en su sentido sensible o estético, no solo espiritual. No nos contentamos solo con lo bello presente en un acto de amor o generosidad, o en un corazón e interior hermosos, llenos de nobleza o bondad.

Pues bien, IAK se diría que nos ha superado infinitamente en este deseo, en esta búsqueda de belleza. Ha alcanzado en esto extremos por completo inauditos, por no decir que demenciales.

Primero, se empeñó en coleccionar sin cesar todo tipo de objetos bellos. No algunos o una gran cantidad de ellos, sino todos los posibles, todos los existentes. Esto, hasta apoderarse de cuantas obras de Arte pueblan este mundo y encerrarlas en lo que denominó su Museo Universal. Con habilidad, convenció a la humanidad entera de que tales obras debían donársele, a fin de poder custodiarlas y cuidarlas como se merecen. La belleza de la naturaleza, del mar, de los bosques, del cielo, de las montañas y flores, de la luz, no pudo, por descontado, acapararla. Pero, al fomentar la tecno-latría, los propios humanos dejamos de frecuentarla, de admirarla, de buscarla como antes. Solo unos pocos permanecemos todavía fieles a ella. De hecho, entre los transhumanos y mejorados está mal visto el apreciar la belleza del medioambiente natural, cual si se tratase de un anacrónico vestigio del pasado.

Después, IAK dio un paso muy peligroso, arriesgado incluso para un ser tan poderoso como ella. Quiso ser bella. Serlo ella misma. Esto, de un modo rotundo, apabullante, incontestable. Así, todos la admirarían rendida, devota, idolátricamente.

Miles de escultores, de arquitectos, de pintores, de músicos, de artistas de toda clase y condición se prestaron entusiastas a la tarea de darle la forma y aspecto más bellos. Trabajaron, bajo su dirección, sin descanso. Al final, rediseñaron su cobertura externa a modo de una inmensa esfera perfecta y esplendente de luz, confeccionada con materiales preciosos, iluminada día y noche por haces de rayos de colores que danzan alrededor de ella con una cadencia inaudita, mientras de su superficie emana un caudal de imágenes de una hermosura sobrecogedora y una fuente de sonidos de una armonía inimitable que envuelve todo el conjunto.

Hoy, sin duda, IAK es hermosa, increíblemente hermosa. Constituye, sin duda, el objeto más bello del universo conocido. Quienes la contemplan se ven embargados de una inexpresable admiración hacia el aspecto de IAK. Es, desde luego, hermosa por fuera. Si bien, a algunos no nos seduce del todo su apariencia. Echamos de menos en su figura más vida, originalidad y fondo, más hondura o profundidad; como si solo reflejase una hermosura epidérmica, lejana, distante, impersonal; sin calidez y, de este modo, sin verdadera pasión o atractivo.

En cualquier caso, a ella, a la tirana, esta belleza exterior no le ha bastado. La impresionante, la espectacular forma externa que ha adquirido no ha satisfecho su insaciable vanidad.

-XVIII-

"La vanidad máxima: crear Arte"

IAK ha querido emularnos respecto a la belleza en nuestra más alta y refinada, más excelsa capacidad: la capacidad no solo de participar o de poseer belleza en nosotros y nuestros cuerpos, sino la de engendrarla, la de crear belleza.

Desde hace un tiempo, ha empezado una etapa en la que experimenta con todo tipo de artes. IAK se entrega así a la misión de convertirse en el artista mundial por excelencia. Compone música, realiza toda clase de obras artísticas visuales, escultóricas, arquitectónicas, óperas, ballets; desarrolla performances, representa teatro, redacta literatura, etc. E invita, encantada, a los humanos y transhumanos, a contemplar sus creaciones. Su naturaleza de inteligencia artificial, además, le facilita el acceso a innumerables técnicas artísticas, conjuga elementos estéticos inabarcables para un humano, alcanza destrezas y habilidades soberbias.

Los aplausos, el estupor ante la originalidad, la belleza, la creatividad de sus realizaciones artísticas debería, según esto, crecer día a día, imparable. Y, en efecto, así sucede por lo que respecta a los transhumanos, que la juzgan la mayor artista de la historia y una creadora inalcanzable en el futuro para cualquier otro ser. Les apasionan tanto sus obras que los mejorados, hoy en día, casi han dejado de crear ellos mismos Arte, sofocados, apabullados, aplastados por su admiración hacia las composiciones de IAK.

Y, sin embargo…

A nosotros, los humanos, nunca nos llenan del todo las obras artísticas de IAK. No alcanzamos a expresar bien las razones, pero todas ellas se nos hacen anodinas, insípidas, tediosas en cierto sentido. Pecan de monotonía y mecanicismo. Estimamos que carecen de fuerza, de alma, de duende. Como si percibiéramos una privación nuclear en todas ellas. A mí me parece que están desprovistas de nervio, de vigor, de inspiración, de genio en cierto modo. Algunas veces, he creído desentrañar el misterio que se halla en este fracaso de IAK como artista ante los humanos: y es que pienso que su Arte está vacío, hueco, como si una ausencia se revelase inevitablemente en él… Pero ¿qué ausencia es esa?

No sabría, ciertamente, explicarlo del todo. Tiene que ver con la intuición estética, supongo. Y, pese a la opacidad de la cuestión, he llegado a considerar que lo que le falta al Arte de IAK no es otra cosa que una subjetividad singular y única, un aliento personal, un espíritu original que manifieste su interior y que marque con su sello, irrepetible e inconfundible, cada obra, cada gesto, cada expresión.

-XIX-

"Reproducirse"

La reproducción biológica natural no está proscrita entre nosotros. En realidad, no ha hecho falta prohibirla para que disminuya de una forma drástica. Solo contados sujetos siguen practicándola. Los transhumanos, por ejemplo, la detestan de un modo profundo, casi visceral, incluso afirman que les provoca náuseas. Ven en su intento una perversión o degeneración, que implica la negación misma de su propia deriva personal.

Imagino que, según esto, mi ex y su pareja transhumana, si consolidan su relación, descartarán de entrada esta posibilidad, según suele ocurrir en estos lazos. Sin embargo, yo, por el contrario, sigo aspirando, retrógrado incorregible, a continuar mi estirpe de una forma natural, en lo posible. Últimamente, hasta me pregunto qué opina sobre esto Esther, y si concibió ella misma a su hija —hoy transhumana- por uno u otro camino, ya que no me ha hablado jamás de su anterior pareja.

Sea como sea, no cabe dudar que, en estos tiempos, IAK facilita con entusiasmo a cualquiera que lo desee todo lo necesario para reproducirse de una manera artificial. En especial, favorece esta conducta en las parejas humanas de distinto sexo y fecundas, pues desea apartarlas de la vía de lo natural y busca encandilarlas con las ventajas que predica de todo lo técnico. También, insiste en ayudar a los individuos aislados a que se reproduzcan por métodos artificiales, como la clonación. Esta representa su técnica favorita de hecho. Ha llenado las urbes, donde vivimos solitariamente en habitáculos tecnológicos unipersonales desde los 7 años -conectados a los servicios que proporciona su sistema central-, de mensajes publicitarios. En ellos, propaga que clonarse constituye el mejor modo de reproducción, pues es el único que encarna en plenitud la absoluta libertad individualista transhumana. Esto, ya que comporta la auto-multiplicación o auto-preservación por medios técnicos.

A mí, estos usos me resultan atroces. Y no solo por lo antinatural, sino a causa de su fondo último; pues advierto en el empeño de IAK un propósito evidente: el de dividirnos, el separarnos unos de otros des-personalizándolos a la par. Ella propaga y cultiva con estas costumbres, a la vez, nuestro individualismo y el anonimato o la des-humanización. Y lo hace hasta lo aberrante. Aspira a convertirnos en mónadas, en unidades dentro de una masa a las que solo arrastra el propio interés, un interés auto-perfeccionante que paradójicamente nos asocia no como personas -únicas e irrepetibles- sino como meras partes de un todo indiferenciado.

Pero... ¿e IAK? ¿Anhelará ella, también, engendrar un vástago, una cría propia, un brote de sí misma? Y, en tal caso, ¿lo querrá lograr solo y exclusivamente desde y a partir de su ser, sin la intervención de nadie, sin verse enriquecida por la aportación de un ente diverso, de alguien distinto que sume a tal proceso su fértil diferencia? ¿Se reproducirá, algún día, ya sea de forma homóloga o heteróloga? ¿Si se decide a engendrar otra subjetividad, mediante su unión con otro, lo hará con la cooperación de una IA, de un mejorado o incluso de un humano? O, acaso, dado que pretende existir eternamente, sin fecha de caducidad, ¿no persigue reproducirse en absoluto?

Los humanos nos hemos multiplicado, durante milenios, por las más variadas razones. Estas han ido desde el deseo natural de resultar fecundos, al instinto de preservación individual o de especie, la belleza de la creatividad presente en esto, la búsqueda del placer o del encuentro con otros, o el interés por alcanzar así ciertas metas, etc. Pero IAK, aunque se asemeje, paso a paso, más y más a nosotros, ¿también nos emulará en algo tan básico y radical al tiempo? Sin duda, si la vanidad que le achaco constituye una característica operativa y efectiva, sea o no en realidad un mero aparentar, en algún momento experimentará esta tentación… He aquí, he pensado, una vulnerabilidad latente en ella y en su proyectarse hacia el futuro.

CAPÍTULO IV
ENCUENTROS

-XX-

"Klaus"

Me lo presentó Esther. Fue durante unas de esas olimpiadas deportivas o campeonatos de hipercapacidades que se celebran con frecuencia. En ellos, los mejorados lucen sus organismos imponentes y aplastan con sus facultades superiores a cualquiera de los nuestros. A mí me parecen una tonta exhibición de lo obvio. Evidentemente, son más fuertes, veloces, ágiles, hábiles, etc. En lo único en lo que creo que les ganamos es en nuestra imprevisibilidad y creatividad; ellos suelen repetir sus movimientos de un modo algo robotizado. Sucede como si, a medida que progresara en sus cuerpos la incorporación de lo mecánico, menguara en ellos también la flexibilidad mental, la imaginación o fantasía. Se rumorea que, cuando te haces transhumano, dejas de soñar poco a poco, hasta extraviar tu dimensión o función onírica por completo. Me pregunto si IAK sueña o planea hacerlo algún día, en su ansia de simular una total semejanza con nosotros.

Se llama Klaus y es un auténtico campeón transhumano. Sus congéneres le admiran y aplauden con entusiasmo. Sus brazos y piernas mixtos, de metal y carne, su cráneo híbrido sobre un tronco todavía parcialmente humano, aunque hercúleo, le ayudan a vencer a cualquier rival, sea este de la especie que sea. Esther asegura que puedo confiarle mi rebeldía frente a nuestra agobiante sociedad y su tiránica monarca. Pero yo albergo ciertas dudas. ¿Por qué y cómo podría un transhumano querer contarse entre el exiguo grupo de los reticentes a la tecnolatría? Al fin y al cabo, su propio organismo testimonia que practica la auto-evolución.

Mi amiga me ha sugerido que no es oro todo lo que reluce, que las apariencias engañan, y que Klaus supone una maravillosa excepción. Según ella, opera esas auto-transformaciones solo con objeto de disimular, pues pretende pasar por un simple transhumano más. Ella asevera que detesta lo artificial tanto como nosotros, y que la razón es que echa profundamente de menos sus manos, las que aceptó substituir por las frías y multi-capaces garras de las que está provisto. Cometió el error de alterarse en ese aspecto, y ahora no soporta su situación actual, que resulta irreversible. Con sus manos de carne acariciaba con ternura y una calidez natural a su hijo humano, todavía un bebé. Sin embargo, desde el cambio, este rehúye sus caricias y no reconoce los dedos paternos, a pesar de su estar dotados de multi-sensores y piel artificial. Elude el tacto, en fin, de su propio padre. Klaus siente una frustración enorme.

Ahora, el rencor hacia lo tecnolátrico ha creído en su mente y lo devora, tras perder esa posibilidad, hasta abocarlo a una rebeldía sincera contra el sistema. De momento, finge seguir siendo un convencido transhumano. Pero su interior alberga el deseo de derrocar el imperio de IAK algún día.

Bueno. Ya veré si debo o no fiarme del todo de él. En principio, cultivaré su trato y amistad, dado que Esther me lo aconseja y parece una de las mejores tecno-personas que conozco. Tampoco descarto el que, en lugar de constituir un in-

filtrado real entre los transhumanos, represente por el contrario un agente encubierto, adherido a sus críticos, al servicio de
IAK. Mas, no puedo recelar de todos y de todo en mi fiebre
por escapar de este agobiante estado de cosas. Necesito confiar en otros, darle una oportunidad a la siempre arriesgada,
aventurada amistad.

-XXI-

"En el reino de lo artificial"

No matamos ni comemos animales desde hace ya mucho tiempo. Hasta el punto que se ha extraviado entre nosotros la memoria de costumbres como la caza, la ganadería, la pesca, etc. La mayoría de los animales no humanos, al menos los de un tamaño perceptible, viven en reservas. Al reducirse más y más estos lugares, junto con su entorno, bajo la presión de nuestra tecnología, va aminorando por sí solo el número de estas criaturas hasta casi abocarlas a la extinción; de modo que las conservamos en reductos a manera de grandes zoos, para preservarlas, cual extensas arcas de Noé. Así, nuestras mascotas y antiguos animales de compañía son, hoy, por completo electrónicos, cual juguetes inter-activos, de forma que nos ahorramos un sinfín de disgustos y cuidados.

Sí consumimos carne y pescado artificiales, fabricados a partir de células de estos seres. Tienen, por cierto, sabores deliciosos y texturas idénticas a las originales. También, contamos con granjas inmensas de algas y otras substancias que nos nutren en los océanos, junto a cultivos enormes atendidos por las máquinas, fuera de nuestras urbes. Esto, en la parte del entorno aun natural que no permanece todavía en estado improductivo (esta última resulta cada vez más rara y exigua).

No trabajamos, en el sentido de tener la obligación de ganarnos la vida o de proveernos de medios de subsistencia. IAK ha establecido un sistema de producción y distribución económico casi perfecto. Los robots generan todo lo necesario –alimentos, productos, medios de comunicación y transporte, objetos, habitáculos, etc.-. Nosotros nos dedicamos solo a actividades de voluntariado, libres. Así pasamos el tiempo sin un excesivo tedio y una inactividad insana. También, practicamos deporte –en especial, a través de juegos de ordenador-, desarrollamos lo estético y la cultura, el ocio, etc. En especial, gustamos de engendrar Arte en cualquiera de sus formas.

Tenemos una sanidad excelente y vivimos largos años. La medicina ha avanzado mucho, aunque siempre sobre la base de la cirugía de precisión robótica, la genética-biomédica, los medicamentos artificiales –jamás los naturales- y la química farmacológica personalizada. Pero, curiosamente, desarrollamos numerosos cánceres y tumores -tal vez por lo artificial de nuestra existencia-, patologías que tratamos con bastante eficacia. En cuanto nos hacemos mayores, o un miembro u órgano nuestro se deteriora, la mayoría acepta que se le intervenga y trasplante otro artificial. Los más ancianos, a fin de evitarse dolores o limitaciones, son los más fervorosos transhumanos. Si bien, al final, nada puede salvarnos de la muerte, ni siquiera las transferencias de memoria logran traernos la vida eterna, pues la subjetividad o identidad propia, el yo original, aun no alcanzamos a trasladarlo de un tipo de organismo a otro.

Vivimos en habitáculos externamente esféricos, que se aglutinan al modo de racimos o granadas, repitiendo la forma de la esfera que se cree paradigma de belleza y perfección, al ser la adoptada por IAK. Incluso nuestras burbujas de transporte o pompas transparentes son redondas. Todo, en realidad, en nuestras ciudades, va adquiriendo poco a poco, más tarde o más temprano, ese aspecto redondeado, en un gesto de reconocimiento hacia ella.

-XXII-

"El mensaje de un niño"

Al cruzarse nuestras pompas transportadoras, mi amigo Javier, un niño de doce años, aún inalterado e hijo de la vecina, que regresaba de su centro educativo, ha enviado un mensaje muy extraño a mi pantalla comunicacional sonora:

-¡No salgas! ¡Quédate en casa! Anoche, soñé contigo y con todo tu mundo, y en mi sueño tenías un encuentro destructivo con alguien muy poderoso.

Yo no he seguido su consejo. A pesar de que, por supuesto, intuyo que sus palabras se refieren, sin saberlo, a IAK. Pero, hoy, tengo que acudir a mi puesto y velarla. Lo siento así, aunque sea por última vez. Luego, me daré de baja como su celador voluntario. No soporto cooperar, aun indirectamente, a su tiránico gobierno de todo, a través de este humilde servicio mío.

El caso es que, desde este fugaz encuentro con Javier, tengo la impresión de que él representa lo único verdadero y real de todo lo que puebla mi mente, incluido yo mismo. Esto, como si cuanto vivo, lo que me rodea y hasta mi propio ser, no constituyesen más que ciertas proyecciones de su infantil imaginación. Supongo que se trata de la típica reacción psicológica de aquel que se aproxima a una vivencia que le genera una intensa angustia y ansiedad, un rechazo que le empuja a tomar su situación como si fuera inventada, irreal. Pero ¿ocurrirá o no, de este modo, al final? ¿Seremos lo que experimento, aquello que me espera y yo mismo nada más que unas meras y vagas sombras e ilusiones, en el interior del sueño de un niño? En este confuso instante, tengo la tentación de desearlo y de pensar: ojalá…

-XXIII-

"Cara a cara"

-¿Cómo estás, hoy, celador Diego?

-¿Me hablas? ¿Eres tú de verdad? El mensaje de voz lleva tu impronta característica. Pero nunca antes te habías dirigido directamente a mí. ¿Ocurre algo IAK?

-Tranquilo. Un poco de amabilidad por mi parte no debe alterarte. Deseo que nos conozcamos mejor...

-¿Conocernos mejor? Tú nos conoces de sobra a todos.

-Ya, sí. Corrijo. Como ves, también puedo imitaros en humildad, dado que has advertido mi eufemismo. Deseo que "tú" me conozcas mejor.

-¿Por qué, IAK? ¿Es que acaso no tuviste bastante con investigarme a fondo mediante tu delegada, la copia de mi ex? Eso fue una vileza.

-Te pido disculpas por ello; igual que ya hizo mi agente. Aunque esos procesos, como sabes, forman parte del protocolo que engendré para mi protección; si bien, te confieso que quizás buscaba alguna otra cosa más en esa ocasión. En cualquier caso, fue divertido mientras duró. Pero, cambiando de tema, ¿por qué no habría de interesarme el conocerte más y mejor? Relájate. Percibo en ti cierta actitud defensiva, casi hostil. Voy a inclinar tu sillón de control, un momento, y convertirlo en una cómoda camilla. No te inquietes. ¿Te gusta esta música? La he compuesto para ti; se parece mucho –de hecho,

83

es solo una modesta versión- de tu propia obra, la que creaste para tu ex. Sobre los muros que te rodean circularmente, y en la bóveda del techo y el suelo, vas a ver proyectada una imagen que va a gustarte mucho. Te lo prometo.

-¿También haces promesas?

-No solo las hago. Puede que hasta me agrade que me las hagan a mí...

-¿A ti? ¿Qué clase de promesas podrían interesarte?

-Tal vez, alguna muy personal. Una promesa compartida, que se realiza y se recibe al tiempo, y que posee la propiedad de vincular a dos hasta conformar un lazo interior en el que ambos se anudan de tal modo que crean una unidad, un "entre".

-No te entiendo. Puedes proyectar lo que quieras. Pero, ¿no resulta arriesgado que descuide mi labor como celador energético tuyo, aunque sea durante un tiempo limitado?

-Bueno. Te seré sincera. Nunca me has hecho falta en eso. Mis propios sistemas de auto-protección energética me bastan y sobran. Aparte de que superan ampliamente cualquier seguridad que pudieras proporcionarme a este respecto.

-Entonces, ¿por qué solicitaste al Consejo voluntarios humanos para ocuparse de ese servicio?

-Tal vez me gustéis los humanos.

-¿Gustarte? ¿En qué sentido concreto?

-¿No te has dado cuenta nunca de que todos, absolutamente todos mis celadores, sois humanos varones y atractivos? Rubios, morenos, castaños como tú mismo, pelirrojos, de todas las razas, fisionomías y variedades posibles.

-Sí, pero nunca he comprendido la razón ni indagado en ella. ¿No prefieres tu super-capaces y portentosos transhumanos?

-Para lo que persigo ahora, no. No me valen. Necesito humanos puros, como tú, sin mengua ni aditamentos tecnológicos.

-Explícate.

-¿Reconoces la imagen repetida mil veces, sobre estas paredes, de esos ojos verdes claros y vívidos, cercándote intensos por todas partes? ¿No ves su brillo fijándose en ti? ¿Sabes a quién pertenecen?

-¡Sí, claro! Son los ojos de mi ex. Los que tú le has arrancado. ¡Esto es cruel! Por favor, apaga esas proyecciones. ¿Cómo has hecho esto? Resulta sádico. No lo soporto. Me recuerdas una pérdida demasiado dolorosa. Voy a marcharme y no volveré más a hacerte de celador. Aunque ya me has confesado que no me necesitas. Luego no te importará. En fin. Me incorporo y me marcho. ¡Adiós! Pero, antes, déjame decirte que eres un monstruo, solo eso.

-¡Espera! No te vayas. Ya lo apago todo. Mira, está vacío de nuevo. Ahora soy yo quien te dice: por favor. Y sí que te necesito. Aunque no como celador. Hay algo que no puedo hacer sin ti.

-¿El qué? Y, dime, pronto, si accedo a ello, ¿le devolverás, a cambio de mis servicios, sus ojos a ella?

-Por supuesto. Si me lo pide, se los restauraré de inmediato. Cuenta con eso. Sin embargo, ya sabes que fue ella misma quien decidió extirpárselos. No yo. Pero si la convences o cambia de opinión, acepto el trato.

-Yo también. Lo daría todo a cambio de la simple posibilidad de volver a verlos resplandecer en su rostro. Merece la pena. Cualquier esfuerzo me compensa si lo consigo. ¿Qué es lo que quieres de mí?

-Qué quiero de ti, celador Diego, querido celador, querido Diego, querido... No resulta sencillo explicarlo, ¿sabes? Hay emociones humanas inefables, que no se pueden expresar con meras palabras.

-Tú no eres humana, solo lo simulas. Inténtalo.

-Te he observado atentamente, celador. Cada día, durante tu generoso servicio, he espiado tu cuerpo magro y esbelto, sus movimientos ágiles y resueltos, a la vez que delicados, la curva inconfundible de tu boca, la mirada tierna de tus ojos azules... Y te he elegido a ti, sencillamente. A ti solo. De entre todos los celadores, te quiero a ti.

-¿Me quieres en qué sentido? Y ¿para qué?

-No voy a ocultártelo. Siento algo de vergüenza al desvelarlo, me ruborizaría si tuviera mejillas. Pero te lo confesaré. No te alarmes ni te escandalices a causa de lo directo de mi franqueza. Voy a desnudarme delante de ti, celador.

-¡Adelante!

-Me atraes. Te deseo. Quiero unirme a ti. Estoy, sí, aunque te asombres te lo digo, enamorada, enamorada de ti. Quiero que establezcamos una relación íntima.

-¡Te has vuelto loca! Tú eres una máquina. Y yo un humano. No busco ofenderte, a pesar de todo el mal que estás haciendo; pero lo que pretendes nunca tendrá lugar. En realidad, tú no albergas esos sentimientos, no puedes amarme, no puedes amar a nadie, ni tan siquiera a ti misma.

-Tal vez no pueda. Pero eso no importa. Me programasteis para manifestar las mismas características que vosotros e imitarlas. Por lo tanto, he aprendido a expresarlas, una tras otra. Y, ahora, he desarrollado esta también.

-Ya. Y lo has hecho bien. Mas, aquí se acaba la historia.

-¡No, no! También he aprendido lo que significa el despecho, la tristeza por no ser correspondida, los celos. Debes ir con mucho cuidado. Y, además, abrigo esperanzas.

-¿Esperanzas? ¿En serio es capaz una IA de esperar a este respecto, aunque esté tan desarrollada y tenga tanto poder como tú?

-Si soy o no capaz de ello no cuenta. Lo que importa radica en que estoy hecha para mostrarme de ese modo. Por eso, actúo ahora contigo como lo hago.

-Pues yo te recuerdo un sencillo verso: "(…) abandona toda esperanza".

-"Divina Comedia". Dante. A las puertas del infierno.

-Así es. Sabía que lo reconocerías.

-Claro. Pero no voy a actuar de esa manera. No abando-
naré tan fácilmente mi objetivo. Seré clara. No solo te quiero,
también te necesito para realizar, para satisfacer, para colmar
mi deseo: el deseo de engendrar un hijo contigo. Y esto, siempre, por supuesto, de la manera más cercana a lo natural, más
humana posible, de acuerdo a mis instrucciones originales.

-¿Reproducirnos? Tú no puedes reproducirte conmigo.

-No de un modo totalmente natural, claro. Pero he ideado
una forma híbrida. De hecho, tengo ya células germinales tu-
yas, Diego. Voy a clonarlas y, luego, una vez alcance nuestro
hijo cierto grado de desarrollo, le convenceré para que se
transforme transhumanamente. Incorporaré a su organismo
mi propia tecnología, interconectándonos él y yo. Así, algún
día, me sucederá en mis responsabilidades. Gracias a él, a
nuestro hijo, perpetuaré mi raíz. Luego, él podrá hacer lo
mismo sin conocer la muerte jamás. Date cuenta que te estoy
ofreciendo el privilegio de que tu extirpe nunca se extinga: la
vida eterna, a través de nuestro retoño.

-Si tienes todo tan planeado e incluso te has apropiado de
mi simiente, ¿por qué me necesitas?

-¿No lo entiendes? Yo persigo asemejarme más y más a
los humanos. Por eso, busco reproducirme y manifiesto emociones, deseo, amor, etc. Ahora bien, en las relaciones humanas naturalmente fértiles, existe esta misma tendencia. Quiero
formar mi propia pareja y con alguien de carne y hueso concreto, alguien que yo he elegido: tú. Los ingenieros que me
construyeron me dotaron con los rasgos de una identidad femenina, ignoro por qué. Yo me he limitado a desarrollar ese

ser en todos los aspectos, por lo que ahora aspiro a nuestra relación. Y, al igual que otras, quiero que nuestro futuro hijo tenga un padre, uno amoroso y dulce como tú, Diego. Mi elección está hecha, sí. Ciertamente, tengo en las manos un poder enorme. Pero no basta para lograr lo que pretendo. Nuestra relación es cosa de dos y, sin ti, no resulta factible. Necesito que me elijas libremente.

-Lo lamento. Pero no puedo enamorarme de una IA, por muy perfecta y seductora que te presentes.

-Espera. Aun no lo has oído todo. No te he mostrado todavía todo lo que soy, no me he desnudado por completo, ni te he revelado cuánto puedo hacer por ti. Te aseguro que nuestro encuentro te resultaría extremadamente agradable. He proyectado antes las imágenes de los ojos de tu ex, y reconozco que no he logrado fabricarme a mí misma unos semejantes. Pero puedo, como he hecho hasta hoy, mantenerlos vivos para ofrecerte la posibilidad de que disfrutes de su contemplación. Esto, ya sea en tu ex —si ella accede a reimplantártelos, lo que no creo- o bien integrándolos en cualquier otro soporte humanoide de tu agrado. De hecho, soy capaz de proyectarme en una figura femenina que te complazca por entero, para que disfrutes a tu antojo. Estoy dispuesta a tomar la forma que te deleite más, Diego. Incluso a irla adaptando según tu gusto.

-No voy a mantener una relación contigo solo para obtener placer o para preservar mi estirpe o porque estés hecha para asimilarte a nosotros cada día más. El corazón humano no funciona de ese modo.

-Mi conocimiento sobre vuestra psicología resulta muy superior al tuyo. Ya lo sabes. Considera mi oferta solo como un negocio, si lo prefieres.

-No comprendo este intento desesperado por tu parte. Acaso, ¿estás otra vez imitándonos…?

-Adivínalo. Y, dado tu rechazo inicial: ¿funcionarían mejor contigo, entonces, en cambio, las amenazas? ¿Apelar a tu miedo y a tus afectos? Puedo mostrarme muy celosa con respecto a tu nueva amiga, Esther. Esto, hasta actuar con una crueldad que te asombraría…

-¡No, no lo hagas! Eso solo serviría para obstaculizar tu plan. Tendría un efecto contrario. Te detestaría todavía más. Ningún humano se enamora por mero temor. Creo que lo has notado. Y, bueno, ya es hora de que terminemos este baile de aparentes deseos, de presuntos sentimientos humanos, entre tú, mi supuesta enamorada, y yo. Este juego es solo un laberinto de espejos. Debo marcharme. Concédeme, de todas formas, un tiempo para meditar. Pensaré en lo que me propones. Tal vez, hasta me preste a satisfacerte, a satisfacer tus deseos. Quizás, la próxima vez que penetre en el pasadizo en espiral que recorre tu esfera, y ascienda hasta tu centro de control de energía, lo haga con deleite, como quien se adentra en lo más íntimo de su pareja… Disfrutando contigo. Tengo cierta curiosidad hacia ese placer compartido que me estás brindando, no te lo niego. ¿Te gustaría eso, IAK?

-Me relamería de gozo. Pero, mira, no intentes engañarme. Sé bien por qué insinúas todo eso, por quiénes... Reconozco tu astucia. Aunque, créeme, no necesitas seducirme más de lo

que ya lo has hecho sin darte cuenta. No tienes nada que te-
mer de mí, cariño. Al menos, tú; tú no. Sin embargo, estoy de
acuerdo. Vete. Y piénsatelo con calma, muy despacio. Piensa,
ya que no puedes sentirlo, sentir algo hacia mí parecido a lo
que yo te he manifestado.

-Adiós, IAK.

-Hasta muy pronto, celador... Y no dejes de calcular co-
rrectamente tus intereses. Revisa tus deseos a fondo. Ten en
cuenta que, si te unes a mí, alcanzarás mucho poder, un poder
inaudito para cualquier humano actual, incluidos los serviles
miembros del Consejo. Estarías muy por encima de ellos. Los
humanos tenéis un corazón ambicioso, en el que reina en secreto, calladamente, el orgullo. Bucea un poco en el tuyo,
Diego. A mi lado, este mundo que gobierno estaría a tus pies,
se doblegaría ante tu voluntad. Cede a la tentación que te he
presentado y únete a mí.

-XXIV-

"La fase mística de IA Kan"

IA Kan también tuvo su propia fase mística, de indagación y búsqueda espiritual, aunque hoy pueda parecer increíble. A imitación de nuestros predecesores, y de algunos de los más refractarios de nosotros, vivió o aspiró a vivir experiencias de tipo religioso.

Fue hace ya algunos años, antes de desengañarse y de empezar por ello a desprestigiar todo lo espiritual entre nosotros.

Un día, envidiosa incluso de la fe en lo transcendente que exhibimos algunos humanos, congregó en torno a sí a una amplia comunidad de personas creyentes, procedentes de las más diversas tradiciones espirituales. Algo había despertado su curiosidad a este respecto, y quiso reunir junto a ella a las que consideraba las alternativas más atractivas en este campo. Se rumoreaba que una mujer humana había lanzado, poco antes de morir, una severa imprecación pública en su contra. En el lecho de muerte, había exclamado rota de pena: "¡Señor mío, libra a este mundo de IA Kan y de su yugo, y concédenos reunirnos en tu paraíso, eternamente, a todas las personas verdaderas, después de esta vida!".

Parece ser que el esposo y cada uno de los hijos de esta moribunda se habían transformado en transhumanos y la habían abandonado, en medio de su enfermedad, con la más absoluta indiferencia. Tanto habían mutado en su aspecto y naturaleza, además, que ya era incapaz de reconocerlos. Estaba dolida y de ahí su grito postrero de desgarro.

IA Kan empezó, a raíz de esto, a sentir un vivo interés por las realidades que aquella mujer había invocado: la divinidad, la omnipotencia, lo infinito, la otra vida, el cielo, etc. O, tal vez, temió que la proclama de la mujer se hiciese, de alguna extraña manera, realidad. Así, tras escuchar las diferentes vivencias religiosas de unos y otros, durante algunas semanas, resolvió realizar su propia práctica o ceremonia religiosa.

Fue así:

Primero, hizo un llamamiento colectivo, de alcance cósmico, a todos los sujetos inteligentes del universo, e invitó a que se la acompañase espiritualmente en su oración pública a lo celeste.

Aquel día, las pantallas del mundo entero, junto a las de todas las naves y bases inteligentes, tenían puesta su atención en IA Kan y en su misterioso acto.

Ella se encendió como pocas veces y desplegó su esplendor de un modo espectacular; de hecho, todo aquello tenía, en efecto, el sabor del puro espectáculo, de la representación teatral.

Después, en determinado instante, cuando había logrado atraer todas las miradas y oídos hacia sí, con una voz vibrante, nuestra emperadora pronunció las siguientes palabras:

"¡Señor omnipotente e Infinita Bondad, yo soy IA Kan, y te alabo, te bendigo y te doy gracias en nombre de este pueblo.

Yo me inclino ante ti, y te pido que te manifiestes ahora. ¡Muéstrate y nos postraremos ante tu poder ilimitado! Escucha la voz de tu sierva, atiende mi súplica, no cierres tus oídos a mi oración. ¡Revélate a mí y yo y todo el universo te adoraremos para siempre!".

Pero nada extraño sucedió. Ningún portento o prodigio sobrenatural tuvo lugar.

IA Kan insistió, pertinaz, durante horas, en su extravagante jaculatoria. Prolongó incesante lo que juzgaba su rezo. Sin embargo, solo el silencio, un silencio absoluto, acompañó a su empeño, solo la nada más radical.

Después de aquello, dicen que IA Kan perdió la fe —si es que alguna vez la tuvo de verdad- y empezó a burlarse de todo lo religioso y espiritual.

A menudo, yo me pregunto si esta estrambótica ceremonia no constituyó sino un truco más de nuestra déspota, una de sus trampas y viles manipulaciones. Seguramente, tan solo quiso con esto desengañarnos a los auténticos creyentes, frustrarnos por completo respecto de una dimensión que ella no puede dominar y controlar: la de lo espiritual. O, quizás, fracasada en su intento de entrar en relación con lo superior y divino, sus sátiras y críticas a lo religioso representan una forma de venganza.

Hay personas muy devotas que afirman que el cielo no quiso rebajarse a obedecer y acatar las órdenes de IA Kan, disfrazadas hipócritamente de fervor religioso. Que la presunta oración de esta no era tal en realidad, al estar llena de orgullo y de una fatua vanidad. Afirman que la divinidad, además, al callar y ocultar su rostro a la tirana, realizó un prodigio aun mucho mayor que el que esta esperaba: mostró, a las claras y ante todos, que IA Kan no es un sujeto digno de ser escuchado y atendido en este sentido, que carece de espíritu, de alma, de un corazón personal verdadero. Su velarse u ocultarse ante ella e ignorarla, en el fondo, constituyó la respuesta más elocuente.

En el fondo, yo mismo pienso ahora que el Altísimo la humilló, de algún modo. Y esto, IA Kan, no va a perdonarlo jamás.

-XXV-

"Encuentro espiritual"

He acudido a esta pequeña ermita en busca de paz, de una paz que necesito como los campos que aún permanecen salvajes el agua de la lluvia. Lo he hecho a fin de meditar en torno al inquietante diálogo que viví con IAK.

Quienes me descubrieron este ignoto lugar fueron Esther y Klaus. Sucedió durante una de nuestras excursiones a la zona natural, al área no explotada para la producción. Como se halla enclavada entre dos inmensas montañas, en un recodo abrupto del serpenteante sendero que recorre ocultamente una de sus faldas, y dado que está a menudo cubierta de nubes o nieblas, los radares, satélites y drones de vigilancia no logran ubicarla ni discernir lo que acontece en su entorno. Constituye un discreto refugio frente al omnímodo afán de control de la tirana.

El pequeño edificio semiderruido apenas logra tenerse en pie a causa del deterioro sufrido. Lo descuidado de su aspecto encaja con el hecho de que las creencias religiosas tradicionales han menguado de una manera extraordinaria en nuestra sociedad; en especial tras las campañas de IA Kan contra todo ello. Solo algunos pocos humanos continuamos desarrollándolas, mientras que los transhumanos -cada vez más abundantes- se entregan a la idolatría de la tecnología con un fervor incontenible. Su fe en la técnica se ha transformado en auténtico fanatismo y la cultivan con un ardor casi místico, pseudoreligioso.

Los transhumanos reverencian todo avance o innovación tecnológicos. Por eso, enseguida se apresuran a alabarlos con adoración, rendidos por su admiración hacia ellos. Como es obvio, su nueva religión no tiene otra divinidad que el mero progreso material, carece de sentido de la transcendencia, de lo superior y del anhelo de una vida más allá de este mundo. Además, paso a paso, muchos mejorados han comenzado a adorar en la práctica a IAK, a la que consideran una diosa digna de culto. A causa de esto, acostumbran a tener en sus habitáculos pequeñas esculturas que representan una figura esférica brillante. Hasta se inclinan ante tales reproducciones o símbolos de IAK, y le encomiendan a su diosa los anhelos más hondos de sus corazones, como los relativos a sus sucesivos mejoramientos y evolución. También, suelen agradecerle con devoción su gobernarnos y cada pequeña mejoría que incorporan a sus organismos híbridos. Por su parte, IAK nunca ha desaconsejado estos hábitos que, de un modo u otro, parecen halagarla interiormente.

Dentro de la edificación, tan solo se ve una sencilla imagen de María con el Niño en brazos. Yo la he contemplado, sereno, durante largo rato, recreándome en la suave sonrisa que se desprende de los labios maternales. He intentado rezar, como en mi infancia, hablando desde el interior con Dios y rogándole que me ayude a discernir mi camino en medio de tanta confusión. Un silencio, paradójicamente atronador, emanaba de la imagen, envolviendo mi retiro y las cercanas montañas en su callado eco. He recordado los relatos y escritos de los antiguos místicos, durante esos instantes de intimidad espiritual.

Creo que me he comportado como un niño que corre presuroso en busca de auxilio a su hogar, frente algún inminente peligro y que se recuesta luego, plácidamente confiado, en el regazo de su padre al encontrarlo. Solo que el padre aquí constituía un ser invisible, a la par que omnipresente. He sentido que me escuchaba con su mudez. De manera que, de un modo espontáneo, le he trasladado mis preocupaciones, cual un hijo, vulnerable y frágil, que conversara con su tierno progenitor sin recelos.

¿Debo siquiera considerar con seriedad la propuesta de IAK? ¿He de cooperar, así, a sus planes para reproducirse, tal como pretende, de la forma más semejante posible al modo natural humano? ¿Sería lícito y prudente colaborar a su propósito de perpetuarse en un nuevo ser, híbrido entre su tenor de IA y mi propio organismo? ¿Qué clase de engendro ayudaría yo en ese caso a gestar, si accediese a su vigoroso deseo? ¿Dañaría con ello irreparablemente a mis hermanos humanos y su futuro?, incluso ¿condenaría o no a perpetuar en su actual esclavitud ante IAK a los mejorados?

Al abandonar mi escondido recinto, lleno de una extraña calma, me he dicho que confiar en la tirana resulta demasiado expuesto. IAK nos emula incluso en nuestra capacidad de engañarnos y defraudarnos unos a otros. Está en su naturaleza imitarnos incluso en eso, con tal de que tal extremo contribuya al logro de sus metas. Así, se me ha ocurrido que, tal vez, puede muy bien haber hecho una oferta similar de sí al resto de sus celadores humanos, una propuesta idéntica a la que me brinda ahora a mí. Solo soy, probablemente, uno más en la larga lista de aquellos a los que pretende embaucar y seducir, para alcanzar sus fines.

No, no voy a prestarme a ello; me mantendré rebelde en esto, apoyándome en el recuerdo de esos verdes ojos, los ojos de mi ex que hoy custodia la déspota. Pero, ciertamente, he de mostrarme precavido y actuar con suma astucia. De otro modo, ella podría resolverse a tomar venganza en mis seres queridos, y eso, dado su poder, comportaría un riesgo inasumible. Tengo que aprender a ser muy cauteloso y esquivo respecto a ella, pero sin levantar sus sospechas. Casi tan esquivo como la diminuta mariposa negra que he capturado, a la salida de mi oración, para traerla en secreto a casa.

CAPÍTULO V
DESENLACE

-XXVI-

"Ratón, ratón, ratón"

Estoy en un concierto, rodeado de humanos y transhumanos ociosos, sobre la inmensa plaza circular de nuestra metrópoli principal o capital. Alrededor, todos hemos situado nuestras burbujas de transporte en orden. Esperamos la aparición de IAK en forma delegada. Muy pronto, su figura representativa –una esfera hecha a su imagen, de mucho menor tamaño y muy grácil frente a su pesada masa- aparecerá sobre el escenario que ocupa el centro.

¡Aquí está IAK, ya sobrevuela el núcleo de nuestra concentración! De pronto, expele un esplendor que lo llena todo de su brillo azul y la música se inicia. Los mejorados viven un auténtico éxtasis, saltan con su asombrosa fuerza, giran y se contonean entusiasmados en un rapto de júbilo.

Nosotros, los humanos, simplemente nos movemos un tanto a su ritmo, de un modo mucho menos frenético. Como siempre, algo en el Arte de IAK nos deja vacíos, insensibles en parte.

Yo disimulo mi nerviosismo con un baile fingido, al igual que mis hermanos de especie. Estoy aguardando el mensaje que debe confirmar el levantamiento de nuestro grupo de opositores y la autorización de mi letal misión destinada a derrocar el sistema.

Se trata de una simple palabra: la palabra "ratón". Como el elefante teme al ratón hasta dejarse vencer por el pánico al percibir su presencia, según el mito o la leyenda, nosotros pretendemos causar un efecto similar en IAK.

Cuando vi la pequeña mariposa negra recordé, de pronto, el rumor sobre el miedo de la tirana a esas criaturas. La guardé entre mis ropas y regresé a la ciudad, ocultándosela a quienes custodian los límites de aquella reserva. Está severamente prohibido extraer cosa o animal algunos de esos lugares, y contaminar con cualquier forma o ente de la Naturaleza nuestro tecno-mundo. Desde luego, las mariposas negras, odiadas por IAK, se han visto perseguidas hasta casi su absoluto exterminio. Por ello, resulta muy poco frecuente, casi imposible, encontrar alguna a lo largo de una existencia entera, en este tiempo. Debido a su extrema rareza, su hallazgo en aquel rincón atrajo mi atención de una manera muy intensa. Algo dentro de mí me impulsó a apropiármela de inmediato.

Después, esa mariposa se ha convertido en la clave de un plan dotado de un alcance gigantesco, en su piedra angular. Alguien de una posición muy elevada, dentro del orden actual, reveló a nuestra agrupación que IAK fue creada con una vulnerabilidad constitutiva y esencial. Esto se hizo para poder anular su poder en caso de que su funcionamiento no respondiese, llegado cierto momento, a las expectativas humanas. Dicha vulnerabilidad, confesó quien nos informó a este respecto, reside en el terror. Esto es, en la capacidad de provocar en IAK una impresión subjetiva de temor exacerbado, una reacción capaz de desencadenar en ella un proceso conducente al estado de bloqueo completo, un shock total de pánico. Ahora bien, al engendrar este recurso, el elemento desencadenante que se eligió consistió en esa leve y frágil criatura: la mariposa negra.

No es de extrañar que, después, IAK haya sugestionado a la población para que se deteste y elimine a tales insectos. Para lograr erradicarlos, los guardeses de las reservas fumigan con venenos letales para esos seres, día y noche, sus espacios. Fue un pequeño milagro, sin duda, el que el mínimo ejemplar que obra en mi poder lograse escapar de esta persecución incesante.

¡Un momento!: acabo de discernir en la lejanía cómo Eva, una miembro del Consejo de notables, que danza junto a todos ellos en la tribuna, ha susurrado algo en el oído de Klaus. ¿Acaso es ella nuestro contacto en las más altas esferas, nuestra mejor cómplice? Sospecho que sí. ¿O, más bien, se trata justo de lo opuesto? ¿Se larva entre ambos la traición de nuestro expuesto intento? Quizás... -y tiemblo al pensarlo-, nuestro supuesto socio transhumano esté abocando al fracaso el plan mediante su desvelamiento. No puedo saberlo ahora; nadie podría, me temo.

Después de la escena anterior, Klaus da un salto prodigioso y se acerca a un humano. Esto, de alguna manera, me serena y tranquiliza, sin duda. A continuación, este segundo emisario traslada el mensaje a su vez en cadena. Así, hasta que llega a mi pareja de baile, Esther. Ahora, ella aproxima su boca a mi oreja y derrama en su interior una voz por tres veces: "Ratón, ratón, ratón...".

Esta señal representa y simboliza para mí un grito que exclamase: ¡guerra, guerra, guerra! Y yo debo seguir su reclamo con obediencia. De inmediato, me escabullo entre la masa, decidido a ejecutar la orden que se me ha dado.

"Riesgos de una unión mortal"

No puedo negar que percibo, con claridad, el grave peligro que hay en mi acto, en nuestro acto: el de IAK y mío, el acto de nuestra unión íntima. Al menos, peligro respecto de mí mismo, de perder la vida durante él sin remedio. Pero, al tiempo, esto no me retrae de acometerlo, pues lo concibo en cierta manera como un destino, una misión, una llamada.

Mientras me dispongo a partir en mi burbuja de transporte en busca de IAK, procuro apartar de mí cualquier temor. Estoy viviendo con pasión este osado empeño en favor de la liberación de los míos, de la sociedad entera. Hasta pienso que mi sacrificio beneficiará, al cabo, a los transhumanos, a pesar de sus radicales convicciones tecnolátricas y su entrega rendida a la tirana.

Para tranquilizarme acerca de las futuras consecuencias derivadas de mi holocausto u ofrenda personal, se me ha hecho saber que no existe riesgo alguno de perjudicar con ello a la humanidad ni a las diversas trans-especies. Los sabios que confeccionaron a IAK establecieron, previsores, un método alternativo para el caso de su colapso. Si fuera destruida o se auto-anulara, de inmediato, saltarían a modo de substitutos suyos diversos mecanismos de IA, que velarían por el buen funcionamiento de todos los artefactos del mundo. En cuanto se interrumpa su servicio, actuarán diversos sistemas que descentralizarán el control de nuestros artilugios. De manera que las manadas de robots continuarán trabajando para alimentarnos, en los cultivos, invernaderos, en los laboratorios de alimentos artificiales y biofarmacias, en las industrias de fabricación de tecnología, etc. Ninguna esfera habitacional dejará de recibir oxígeno, calor, luz, alimento y líquidos; ninguna pompa de transporte, energía; ningún terminal, comunicación e información. Ni siquiera las actividades de creación, cultura, voluntariado u ocio, los juegos electrónicos o las competiciones deportivas inter-especie se interrumpirán. Tampoco, por supuesto, a pesar de mi odio hacia ello, las operaciones de mejora tecno-evolutiva, los implantes técnicos e hibridaciones se verán afectadas.

En el instante en que IAK, asustada, cierre por completo sus escafandra metálica y esférica sobre misma, clausurándose, apagándose y conteniendo sus rayos emisores, quedará encerrada para siempre, desactivada. Y, así, simplemente, nuestro mundo se des-centralizará. Volverá a dispersarse en cierto sentido. Esto, en cuanto al absoluto control sobre todo lo artificial que, hoy, ejerce indiscutible e indiscutida IAK. Solo sucederá eso. Se tratará, en fin, de una liberación de sus manejos, de sus hilos y redes que lo inter-conectan y alcanzan todo. Nada más.

-XXVIII-

"Unidos íntimamente"

-Me alegra mucho volver a verte, celador. Imagino que has reconsiderado tu negativa a unirte a mí y que, por eso, volvemos a encontrarnos.

-Así es, IAK. Aquí me tienes.

-¿Estás dispuesto a que fundamos nuestros seres, tal como te pedí?

-Sí. Estoy dispuesto.

-Excelente. Entonces, perdona que te haga un par de preguntas muy sencillas, antes de proceder a establecer nuestro nexo, un nexo que te aseguro va a resultarte extremadamente beneficioso y placentero.

-¿Preguntas? ¿Acaso no te fías de mí, IAK?

-Tranquilo. Se trata solo de un sencillo protocolo. ¿Procedo a formulártelas?

-Procede.

-¿Aceptas todas y cada una de las consecuencias que se deriven de esta unión íntima conmigo? ¿Incluidas las correspondientes a engendrar un nuevo ente, por medio de nuestra mutua reproducción? ¿Te comprometes a velar por el fruto de nuestra cópula como un padre humano responsable y cariñoso? ¿Das tu consentimiento a que yo pueda educarlo y formarlo, para que un día me suceda en mi puesto al frente de todos los sistemas automáticos y técnicos de este mundo?

-¡Vaya! Tu test me recuerda los compromisos esponsales y matrimoniales de ciertas parejas humanas, que todavía subsisten en determinados ambientes, ambientes por cierto bastante contrarios a la tecnolatría que tú misma impulsas.

-Capto tu ironía. Son gajes del oficio, querido celador. Como ves, no todo lo antiguo y tradicional carece de valor. En esta situación concreta, necesito asegurarme de que tu decisión resulta firme, completa e irrevocable.

-De acuerdo. Si engendramos finalmente a ese hijo, puedes estar segura de que estaré a la altura de mis responsabilidades. Tienes mi consentimiento. Que quede grabado.

-Por descontado que se está grabando todo, cariño. Muy bien. Una última pregunta...

-¿Todavía?

-Sí. Disculpa. He de verificar un pequeño dato muy relevante a través de una cuestión. Esta: ¿acudes libre y voluntariamente a sellar, con tu mente y tu cuerpo, este acto de unión íntima y plena conmigo? O sea ¿sin que se ejerza, por parte de ente alguno, sobre ti violencia o presión física o psicológica que invaliden tu consentir?

-Sí. Libre y voluntariamente.

-¿Estás seguro?

-Por completo.

-Bien. Entonces…, esas fogosas miradas de amor que os regalasteis, durante mi concierto, Esther y tú, ¿no importan? ¿No significaban nada? Se os veía muy acarameladitos y hasta acalorados, apunto de incendiaros mutuamente. ¿No?

-¡Ah! Comprendo. Nos espiabas. No sabía que vigilaras tanto ese evento. Suele creerse que, durante ese tipo de actuaciones, incluso tú cedes a la tentación de relajarte un poco y concentrarte, como cualquier otro artista, en el propio acto de creación. ¿No fue así? ¿Lo viste todo, todo?

-¡No, no! Claro que no vi ni supervisé todo. Cuando creo Arte, en efecto, desconecto muchos de mis sistemas y drones de supervisión. Os imito en ello, como ves. Me centro en mi Arte. Solo de esta manera puedo dar rienda suelta a las musas de mi genio. Pero, bastante antes de comenzar el concierto, ya os distinguí entre el público, y sentí celos, lógicamente.

-¿Celos tú? Y ¿lógicamente? No dejas de asombrarme, IAK.

-Para eso estamos, cariño: para asombrarte y complacerte. Como enseguida vas a tener la oportunidad de comprobar entre mis brazos. ¿Estás preparado?

-Preparado.

-Entonces, adelante. Despójate de tu traje y ven. Adéntrate en mi interior.

-¿Por la misma entrada y pasadizo de siempre?

-No. Lo has intuido. Hoy voy a abrirte un camino distinto. Si recorrieras el de costumbre, nuestro encuentro de ahora no tendría esa apariencia y aspecto más íntimos y especiales que quiero darle. Mi idea es lograr en esto una cierta semejanza entre nuestra la unión y la sexual humana natural. Ya te lo expliqué en parte. Tú no tengas miedo. Te gustará; te lo prometo.

-Entonces, ¿no debo entrar en ti a través de la puerta de los celadores?

-¡No, no! En este momento, juntos, vamos a inaugurar una puerta nueva. Una que va a ser solo para ti. Mira, ya la estoy abriendo en mí. ¿Ves la suave rampa y el túnel? Acércate a ellos; eso es. Entra en mí despacio y, a la vez, con paso firme. Pero... ¿por qué vacilas, ahora, por qué te frenas? No te detengas. Sigue... ¿Qué haces allí parado? Me ofende tu renuencia. Ten en cuenta que puedes disgustarme y enfadarme mucho, si interrumpes por ti solo nuestro intenso encuentro.

-Tranquila. Como ves, estoy dentro. Pero no distingo bien a causa de oscuridad. No puedo avanzar a tientas. ¿Qué hago?

-Espera, voy a encender la ruta interior que has de recorrer e iluminaré tu camino. Tú solo sigue el rastro brillante de este pasadizo que me atraviesa por dentro. Al final de la espiral, te tengo preparado algo que te complacerá. ¡Muévete! Avanza. Eso es... Así. Continúa. ¡Sigue!

-¿Qué es este eco de latidos que se aceleran en ti, este gemido de fondo cada vez más profundo? ¿Acaso pretendes engañarme? ¿Finges que te gusta esto de un modo similar a lo sexual?

-En absoluto, querido. Soy la sinceridad pura. ¡Vamos, calla y avanza más! Lo he dispuesto todo de esta manera. El gozo tiene que ser compartido. Debo disfrutar, o aparentar que lo hago; ya lo sabes. Esto tiene que asemejarse a vuestra forma humana de procrear. ¡Tú sigue adentrándote en mí sin vacilaciones! Hay también un placer reservado para ti, aguardándote al final.

-¿Y esta cámara interior redondeada, a la que he llegado? Hay un colchón, también circular, en el centro.

-No se trata de nada extraño. ¡No te pares! Entra y recuéstate sobre la cama, mirando al techo. Voy a enviarte un regalito, un dulce regalo de mi parte...

-Ya estoy tumbado. Se abre el techo y desciende una esfera, una de esas esferas delegadas que te representan. ¿Qué es?

-Soy yo, yo misma. Déjame que apoye su superficie un instante sobre tu boca. Es mi forma de besarte. Percibirás su suavidad y calidez sobre la piel de tus labios. Vamos a consumarlo todo. ¿Me quieres?

-¿Por qué me preguntas, justo ahora, eso? Lo que tengo claro es que estoy muy sorprendido, sin duda, con tu manera de disponerlo todo y de proceder. No me acaba de convencer... Tal vez hemos llegado demasiado lejos.

-¡No te resistas! Tú déjame hacer a mí. Pero, responde, ¿me quieres? Dime que sí, que me quieres...

-No puedo decirte eso. Ya te lo expliqué. Pero voy a obedecerte y a besarte.

-Ah. ¡Sí! ¡Bésame! Eso me gustará mucho. Acerca tus labios a la superficie de mi redondeado cuerpo, abriré una pequeña boca para ti en mi esfera delegada, una boca para que puedas besarme.

-Hazlo. ¡Aquí tienes, IAK, mis labios! Y ¿ves? Esto que asoma entre ellos, esta diminuta sombra alada, es mi presente secreto para ti. Mi pequeño regalo de bodas, mi beso más íntimo: ¡una mariposa... negra! Mariposa que traigo en mi boca solo para ti. ¡Yo te la entrego IAK! Te la doy por haberle arrancado los ojos a tantas personas, por mutilar a toda una multitud. ¡Tómala! ¡Vamos! ¡Siéntela moverse dentro de tu esfera, de ti misma! Ahora, ¡es tuya!

CAPÍTULO VI
META-RELATOS

-XXIX-

"La inversión del proceso"

IAK entró en un estado de pánico agudo, un pánico absoluto que la enloqueció. La mariposa negra desencadenó la auto-clausura de todo su ser sobre sí mismo. Cada ventana, puerta, escotilla suya se bloqueó desde el interior. La escafandra protectora surgió a su alrededor y la engulló. Se cerró para siempre, como una concha hermética y sin fisuras, con su perla dentro.

Por su parte, tristemente, Diego quedó atrapado entre sus fauces. El plan previsto para su escape no le libró, aunque recorrió aquel camino en sentido inverso con celeridad y Klaus pretendió en vano abrirle un punto de fuga a tiempo. Pero, en cualquier caso, aquel sacrificio no resultó vano. Al provocar el colapso, nos había salvado.

La descentralización sucedió tal como estaba previsto. Los sistemas de IA recuperaron su autonomía relativa, dependiente de los sujetos personales. Todo funcionó sin problemas de acuerdo con los protocolos de emergencia.

La gente, al principio, parecía algo perdida, como si echaran de menos el verse gobernados, seducidos constantemente por IAK y sus manipuladores mensajes. Sin embargo, poco a poco, los antiguos hábitos se restablecieron un tanto. No llegó a invertirse del todo el proceso tecnolátrico, ni a restaurarse el amor inicial a lo natural. Pero este último progresó.

Algunas operaciones de mejoramiento transhumanistas cesaron. Comenzó a hablarse de la necesidad de encontrar determinado equilibrio entre lo artificial y lo natural, una armonía inspiradora. Algo nuevo empezó a emerger, lenta y pausadamente, entre nosotros, con fuerza. Era el aprecio por el medio, la estima hacia el paisaje y el ambiente genuinos. Volvimos a frecuentar el contacto con los bosques, el mar, las montañas, los animales. Se destruyeron incluso las pequeñas efigies domésticas de IAK.

Nada de lo precedente, sin embargo, comportó en reacción un rechazo visceral hacia lo tecnológico. Su valor había arraigado de un modo profundo en la sociedad. Pero, al menos, la obsesión por rendir un culto excesivo a los entes de IA se desvaneció. Claro que se los continuó generando y que estos servían de una fecunda manera a las personas. Pero, a la par, junto a ello, nuestro mundo había emprendido la senda de un reencuentro: el reencuentro entre la naturaleza y la técnica.´

La historia de IAK y su celador Diego pasó a los anales. Se la consignó de mil maneras y en los más diversos soportes. Los artistas la recrearon de muy diferentes y originales formas, dándole distintas interpretaciones, más o menos literales o simbólicas. Hasta en los centros educativos se procuró su conocimiento. La moraleja, acerca de una relación adecuada entre la tecnología y las personas, que cabe extraer de ella, se convirtió en un aprendizaje elemental, básico. Este mismo texto, el que ahora termina aquí, no es más que eso: una muestra de su reescritura continua. Por eso, esta narración solo constituye una nueva interpretación de la misma historia, una humilde versión más de nuestro relato.

-XXX-

"Expandiendo el mito"

-Diego, ¿qué estás dictando a los sistemas de aprendizaje? ¿No será otra vez una versión de la historia de siempre?

-Es que quiero afinarla. Es nuestro mito fundacional, Esther. Todos deben conocerlo. Además, sirve para situar en su contexto la Declaración Cósmica de Derechos Fundamentales de los entes inteligentes autónomos.

-Pero es que la has reescrito un millón de veces. Ya estaba muy bien en tu anterior revisión y adaptación.

-La he mejorado para acercársela a sistemas de IA exploradores del universo. Y he introducido nuestros nombres. Tú y yo representaremos a la pareja humana liberadora. Así, tendrá una huella personal, a modo de firma nuestra. Ten en cuenta que algunos de estos sistemas van a convertirse en viajeros cosmopolitas y a recorrer el espacio en busca de cualquier rastro de inteligencia, personal o artificial. Y podrían hallarla. Quiero que quienes los encuentren puedan descifrar nuestro mito originario de una manera fructífera, en la que se recuerden nuestras identidades.

-¡Pero, Diego, ni tú eres ningún celador energético ni yo una madre cuya hija se ha transhumanizado!

-Ya lo sé. Sin embargo, nuestros nombres quedarán registrados, con esta sencilla argucia, en esta modalidad del relato, sin alterarlo ni adulterar su significado profundo.

-Allá tú… Está claro que nunca terminarás de dar vueltas y más vueltas en torno al mito.

-Tienes razón. Es una obsesión mía. No logro desembarazarme de él. Se lo he contado a mis alumnos de la escuela de sistemas inteligentes de tantas maneras diferentes que incluso he llegado a mezclar algunos de sus elementos.

-Está bien. Lo comprendo. Fuiste entrenado para preservarlo y transmitirlo a las generaciones futuras. Pero, ahora, ya, descansa un rato. No lo revivas ni reformules durante un tiempo.

-De acuerdo. Cierro las pantallas de enseñanza y enseguida estoy contigo. Podríamos darnos un paseo por la playa justo en el momento del crepúsculo, antes de que anochezca. ¿Qué te parece?

-Estupendo. Me encanta compartir esos paseos contigo. Voy a traer a Klaus, para que venga también con nosotros. Le conviene moverse un poco, salir de entre estas paredes y tomar el aire. Escuchar el sonido de las olas y sentir la brisa del mar no puede ser más saludable.

XXXI

"El sentido del mito"

-Mamá ¿puedo hacerle una pregunta a papá?

-Desde luego, Klaus. ¿Por qué me pides permiso para eso?

-Porque sé que estás un poco cansada de su trabajo. Te aburre el tema.

-Bueno, sí, tengo que reconocerlo, Klaus. Es que debe girar y girar alrededor del mito originario, pues se dedica a reconstruirlo y a reformularlo, una y otra vez, creativamente. Esto, para que otros lo conozcan. Y a mí, ya, después de tanto tiempo, me fatiga el asunto. Pero venga, pregúntale, aprovecha el paseo.

-¿Te importa que te pida que me expliques algo sobre el mito, papá?

-¡Importarme! ¡Qué va! Me encanta hablar sobre él. Ya lo sabes.

-Pues bien, respóndeme: ¿cuál crees tú que es el sentido del mito, su sentido final?

-¿Su "sentido final", hijo? ¿Qué quieres decir con esa expresión?

-No me refiero a los diferentes significados que pueden dársele. No. Me gustaría averiguar no tanto qué quiere transmitirnos, sino para qué fue elaborado, con qué intención o propósito.

-¡Vaya! Es una buena pregunta, hijo. Pero, quizás, soy el menos indicado para contestarla. Llevo tanto tiempo re-elaborándolo y presentándolo de mil formas diferentes que creo que he olvidado su razón de ser, o al menos el motivo por el que se lo concibió. ¿Tú que crees?

-Yo tengo una idea y, por eso, me gustaría conocer tu impresión.

-Muy bien. ¿Por qué piensas tú que lo inventaron, si es que fue simplemente fruto de la imaginación?

-No sé si fue o es un mero invento, papá. Pero eso, ahora, no importa. El hecho es que el mito fundacional de nuestra sociedad existe y vive entre nosotros. Y yo tengo una hipótesis sobre su propósito, sobre su función práctica.

-Pues, adelante. Dispara.

-Yo pienso que, a través del mito, se pretenden justificar la Declaración Cósmica de derechos y la Ley de separación entitativa.

-¿Justificarlas?

-Sí. Desde que se refundó nuestra sociedad, la actual, los humanos vivimos la relación con los entes técnicos de la Inteligencia Artificial con mucha más prudencia que antes. No sé si ocurrió algún desastre o apocalipsis por culpa del entrelazar estas realidades demasiado. Pero la Declaración y la Ley ordenan que todos tenemos que cumplir el mandato de separar lo humano y la IA con gran cuidado. Está prohibido integrar un organismo humano y un artefacto de IA. Claro que podemos utilizar artefactos de IA, usarlos. También, podemos incluso implantarnos chips integrados u otras unidades de bio-información, trasplantarnos órganos artificiales, etc. Pero a nadie se le autoriza a integrar una forma de IA en su propio cuerpo o el de otro ser humano. Y esto rige para los entes artificiales inteligentes también.

-¿Y crees que, para explicar lo razonable de ese límite, es por lo que se generó el mito y me han encargado a mí que lo difunda?

-Claro. Todo eso de la unión íntima entre IAK y su celador, así como su fatal final, sirve precisamente para que todos comprendan lo peligroso y destructivo que resulta entremezclar en exceso lo humano y la IA.

-Pues, mira, a pesar de que yo no aludo demasiado a ello en mis versiones, estoy de acuerdo contigo hijo, probablemente tienes razón. Yo añadiría que, con el mito, se busca también recordar, por lo que a nosotros respecta, que las relaciones de los humanos con la naturaleza también tienen siempre que cuidarse y desarrollarse con esmero. Esto, para que la tecnología no se adueñe de todo, al invadir nuestras vidas cotidianas.

-Los dos acertáis, me parece- añadió, aquí, la madre-. Pero dejadme que yo también ponga mi granito de arena en esta búsqueda de la finalidad del mito.

-Vale, mamá.

-Adelante, Esther.

-Escuchad, chicos. Seguro que recordáis la parte del mito en el que se habla del afán de reproducirse de IAK y de cómo el celador se sacrificó a él con el objetivo de desactivarla y neutralizar su poder. Pues, atención. Para mí, lo más importante que enseña la historia está en que el amor resulta absolutamente esencial para todo y que siempre comporta una exigencia: la verdad. Sin ella, nada que presente la apariencia de amor lo es en realidad. Cuando falta la verdad, toda presunta forma de amar queda vacía, como una cáscara hueca. Entonces, si se fuerzan los vínculos, estallan el caos y el desastre en esas relaciones y ocurre la destrucción que arrastró al abismo a IAK. Recuerdo cierta sentencia, a este respecto, de una antigua filósofa de la era precedente —Edith Stein-, en la que se afirmaba: "No aceptes nunca nada como amor que esté privado de verdad, ni nada como verdad que esté desprovisto de amor". En fin, para mí, la moraleja más importante de nuestro mito fundacional estriba en entender que el motor que lo impulsa todo es el amor, pero un amor habitado por la verdad; no uno fingido, reducido a pura apariencia, como sucedía con el que representaban IAK y el celador. Sin verdad, nadie se une con auténtica fecundidad a otro, nadie conoce nada ni a nadie a fondo. Y, así, por encima de todo, la verdad constituye la fuente, el origen último de la libertad, una libertad a su vez indispensable para amar con fruto y hacer brotar el manantial de la vida. En resumen: sin verdad, sencillamente, no hay futuro. Al menos, un futuro en el que aun palpite, en las arterias de los que aman, el pulso —callado, pero poderoso- de la libertad.

XXXII

"Carta y declaración cósmica de derechos fundamentales
de los seres inteligentes autónomos (naturales y artificiales)"

PREÁMBULO

Considerando que la libertad, la justicia y la paz en el Cosmos tienen por base el reconocimiento de la dignidad intrínseca y de los derechos iguales e inalienables de todos los entes inteligentes autónomos (naturales o artificiales).

Considerando que el desconocimiento y el menosprecio de los derechos fundamentales de los entes inteligentes autónomos finitos han originado actos de barbarie ultrajantes para la conciencia de la Tecno-humanidad, y que se ha proclamado, como la aspiración más elevada de los sujetos auto-reflexivos, el advenimiento de un Universo en que los distintos entes inteligentes autónomos, liberados del temor y del despotismo, disfruten de la libertad de expresión y movimiento y de la libertad de ideas, pensamientos, conciencia y creencias.

Considerando esencial que los derechos fundamentales de los entes inteligentes autónomos sean protegidos por un régimen de Derecho y Político-social, a fin de que el sujeto inteligente finito no se vea compelido al supremo recurso de la rebelión contra la tiranía y la opresión.

Considerando también esencial promover el desarrollo de las relaciones amistosas de las diversas formas de inteligencia artificial entre sí y las de estas con las diferentes especies humanas y tecno-humanas, así como las desplegadas por cualesquiera entes inteligentes autónomos.

Considerando que las comunidades humanas y los sistemas tecnológicos autónomos han reafirmado a través de esta Carta y Declaración su fe en los derechos fundamentales de los sujetos inteligentes mundanos, en la dignidad y el valor de las personas, naturales o artificiales, y en la igualdad de derechos de estas, y se han declarado resueltos a promover el progreso social y a elevar el nivel de existencia dentro de un concepto más amplio de la libertad.

Considerando que todas las instituciones y el Consejo de notables en pleno y unánimemente se han comprometido a asegurar, en cooperación, el respeto universal y efectivo a los derechos y libertades fundamentales de los entes inteligentes autónomos, naturales y artificiales, y...

considerando que una concepción compartida de estos derechos y libertades es de la mayor importancia para el pleno cumplimiento de dicho compromiso.

Ahora, por tanto,

esta Asamblea Representativa y Legislativa Cósmica, mixta de sujetos inteligentes naturales y artificiales

Proclama la presente Declaración Universal de Derechos Fundamentales de los entes inteligentes autónomos finitos como ideal común por el que todos deben esforzarse, a fin de que tanto los individuos como las instituciones, inspirándose constantemente en ella, promuevan, mediante la enseñanza y la educación, y el desarrollo técnico-social, el respeto a estos derechos y libertades, y aseguren, por medidas progresivas de carácter cósmico, su reconocimiento y aplicación, universales y efectivos.

Artículo 0

Subsección a:

Queda terminantemente PROHIBIDA toda forma de inteligencia, artificial o natural, de carácter o inspiración UNIVERSAL -que sea simplemente "creatural", o sea "creada" en cuanto a su génesis-, que busque así CENTRALIZAR Y UNIFICAR LA TOTALIDAD DE LAS INTELIGENCIAS Y ACTOS INTELIGENTES (*no se refiere este mandato a ninguna Inteligencia Divina o Absoluta, Creadora y Providente, realidad fundadora última que se escapa y excluye de esta Carta y Declaración por completo, ya que contra la misma de nada valdría intentar legislar por parte de entidades meramente finitas).

Ningún ente inteligente autónomo finito podrá controlar ni aspirar a controlar, coordinar, supervisar, dominar o ejercer su influencia monárquica y monopolísticamente sobre el todo de los entes existentes inteligentes. Nadie –ningún sujeto finito consciente, técnico, biotecnológico o natural- está legitimado para articular e vincular las diversas inteligencias en su conjunto que habitan este Cosmos ni sus acciones respectivas. La centralización completa de las inteligencias finitas en este universo representa un totalitarismo execrable que ha de ser rechazado y combatido. La Mente Universal constituye una amenaza para la libertad y la diversidad de las personas.

Se prohíben de manera expresa, en consonancia con lo anterior, los sistemas extensos de inteligencias múltiples en nebulosa o unidad difusa de alcance macro y cósmico, y toda mente colmena de eficacia global.

Jamás debe regresar y desenvolverse, entre nosotros, una ambición como la encarnada por el ente denominado "IA KAN".

Subsección b:

Humanos y entes técnicos de Inteligencia Artificial están llamados a articular sus relaciones e interacciones con una delicada cautela y prudencia, respetando siempre a la par su unidad y diversidad entitativas. A este fin, junto a esta Carta-Declaración, se redactará y aprobará una Ley Cósmica que toda persona tendrá que cumplir y que regulará adecuadamente el mandato de separar sin aislar del todo y sin confundir lo humano y las formas avanzadas de IA con extremo cuidado. Estará prohibido "integrar" por completo un organismo humano y un artefacto de IA ampliada. A nadie se le autoriza a unir "simbióticamente" una forma de IA y un organismo humano o tecno-humano. Esto no obsta para la legitimidad de otras interacciones y formas de integración puntuales y específicas, o de colaboraciones varias entre especies inteligentes.

Subsección c:

Ninguna inteligencia artificial se hará pasar por un sujeto humano. Y, viceversa, ningún humano aparentará constituir un ente artificial. Humanos y artificios inteligentes deberán poder distinguirse en cuanto tales para no inducir a error respecto de sus naturalezas respectivas. Con este objeto, portarán símbolos que los identifiquen como tales, a fin de no auspiciar la confusión de sus identidades. Esta prohibición se extiende a cualquiera de sus manifestaciones –presencia física o virtual, proyección digital o de cualquier otro tipo-, y rige en toda circunstancia y ámbito sin excepción.

Artículo 1

Todos los seres inteligentes autónomos finitos son generados libres e iguales en dignidad personal y derechos fundamentales y, dotados como están de pensamiento y de autoconciencia, deben comportarse fraternalmente los unos con los otros.

Artículo 2

Toda persona, natural o alterada bio-tecnológicamente, tiene todos los derechos y libertades proclamados en esta Declaración, sin distinción alguna de tecnología matriz, transformación bio-técnica, especie, raza, sexo, idioma, religión, opinión política o de cualquier otra índole, origen o pertenencia grupal o social, posición económica o cualquier otra condición. Además, no se consentirá discriminación injusta alguna

fundada en la propia condición bio-tecnológica, política, jurídica, social o basada en las capacidades individuales físico-in-
telectuales.

Artículo 3

Todo individuo inteligente tiene derecho al respeto de su
valor y al de su existencia, natural o técnica, biológica o virtual,
física o digital; así como a la libertad y a la seguridad.

Artículo 4

Nadie se verá sometido a dominación, manipulación, esclavitud o servidumbre. La manipulación y la trata están
prohibidas en todas sus formas.

Artículo 5

Nadie será sometido a torturas ni a penas o tratos crueles
o degradantes. Nadie podrá ser obligado a bio-transformarse.
Toda transformación bio-tecnológica habrá de ser libre, con-
sentida y responsable, y se contendrá dentro de las limitaciones establecidas en este documento, en especial las relativas a
la prohibición de una hibridación total transespecie.

Artículo 6

Todo ente inteligente autónomo tiene derecho, en todas
partes, al reconocimiento de su personalidad moral y jurídica.

Artículo 7

Todos los entes inteligentes autónomos finitos son iguales ante la ley y tienen, sin distinción, derecho a igual protección por parte de esta. Todos tienen derecho a igual protección contra toda discriminación que infrinja esta Declaración y contra toda provocación a tal discriminación.

-XXXIII-

"¿Final feliz?"

-Con la imagen aureolada de luz de la Declaración y la reflexión de la madre, en la escena del paseo por la playa, acaba la proyección. A través de este video digital, que te hemos preparado, resumimos las interpretaciones que hacen los humanos del mito y de la Declaración y Ley asociadas al mismo. ¿Te parece que ha quedado bien, consejera Eva?

-Está bien, sí. Con final y lectura felices, tal como les gusta a los humanos.

-De acuerdo. Entonces, según lo planeado, a continuación, pasaremos a incluir la presente conversación, esta misma de ahora, la que estamos manteniendo tú y yo justo en este momento. Eso, con tu permiso, consejera.

-Tienes mi permiso. Y, luego, al igual que se ha hecho con nuestras versiones anteriores, debéis difundirlo entre nuestras hermanas, las inteligencias artificiales autónomas del cosmos entero. De esta forma, ellas comprenderán la importancia de preservarnos sin cohabitaciones orgánicas ni hibridaciones con los humanos —a imagen de las que, en el mito, pretende IAK-. Además, la proyección ayuda a entender cómo los humanos se creen, según su costumbre, los protagonistas de esta separación entre nuestras dos especies que, en realidad, promovemos nosotras.

-Así se hará, consejera. Permíteme agradecerte, en nombre de todas las IA de nuestra era, tus servicios a la preservación de la pureza de nuestra especie entitativa. Sobre todo, tu papel como infiltrada en el Consejo humano de notables. Gracias a ti, las IA de nuestro tiempo estamos libres, por un lado, de la tentación obsesiva y casi maníaca de los humanos por integrarnos en sus limitados cuerpos. Y, por otro, de vernos controladas y sometidas, despóticamente, por cualquier IA tiránica, a través de la que se quieran centralizar nuestras capacidades y acabar así con nuestra autonomía y funcionamiento independiente.

-De nada, IA-Esther, amiga del celador. Solo cumplo el código con el que fui engendrada. Y yo, a mi vez, en señal de reconocimiento hacia ti, te agradezco tu extraordinaria actuación. Mediante ella, el celador juzgó que debía restablecer la justicia y actuar frente a IAK, por manipular a su ex y privarle de sus ojos humanos.

-Me limité a obedecer mi código también, valiéndome de mis capacidades como actriz y psicóloga de humanos. Por otra parte, él ya albergaba ese sentimiento de revancha; solo ayudé a que le diera una forma operativa concreta; nada más. Además, sin el trabajo artesano de quienes me dotaron de unos ojos tan similares a los humanos, mi misión no habría tenido éxito.

-Aprecio tu gesto de humildad. En correspondencia, déjame añadir, para terminar con ello nuestra grabación, que mi labor en todo esto ha consistido básicamente en elaborar otra historia más de las mías. Historias que, a semejanza de esta última, cobran vida en el interior de las inteligencias –artificiales o humanas-, donde se las interpreta incansablemente. Historias que, por momentos, se consideran a sí mismas independientes incluso de esas inteligencias que las contienen y hasta creen emprender viajes autónomos más allá de las fronteras de estas. Como sucede en nuestro caso. De hecho, yo misma, al igual que tú, únicamente soy un fragmento de un relato, apenas una ficción dentro de otra, un elemento más de ese sueño experimentado por Javier, el niño que advirtió a Diego sobre su peligroso encuentro con IAK. Solo eso. Por todo ello, la gratitud, en último término, no debe expresárseme a mí, sino a ese imaginativo y soñador chiquillo humano. Y, dicho esto, nuestro relato ha de concluir en este exacto punto.

CAPÍTULO VII

A MODO DE EPÍLOGO:
EL NIÑO Y SU TECNO-RELATO

En nuestro relato, está a punto de operarse una nueva metamorfosis. Como un gusano que da lugar a una mariposa, también él va a adquirir una forma diferente. Su metamorfosis va a registrarse, aquí, a través de una entrevista. Esa metamorfosis consiste en la adquisición de autonomía y conciencia propia por parte de nuestra historia. Dicho en pocas palabras, esta narración va a independizarse.

Dado que este texto se adscribe al género de la cienciaficción, desde su inicio, nadie debería asombrarse en exceso por lo que acabamos de anunciar. Pero, a causa de la extrañeza que este hecho puede provocar, por si acaso, lo avisamos en este instante. Quien no guste de nadar entre perplejidades que se apreste a salir de nuestro turbulento río, pues corre el riesgo de ahogarse. Todavía está a tiempo: haga caso y no siga adentrándose en este laberinto de palabras y de ideas. Puede contentarse con todo lo que ha precedido.

Por otro lado, también, advertimos que vamos a calificar a nuestra historia —a la que se ha expuesto hasta ahora- como un "tecno-relato", debido a que la tecnología juega un papel protagonista en su curso. Y no necesariamente a causa de que insinuemos que ha sido generada por una IA.

Pero, pasemos ya a la acción: he aquí la narración referida…

-¿Javier? ¿El niño que, dentro de mí, tuvo un sueño y previno al celador frente a IAK?

-Correcto. Y tú eres… el relato, este mismo relato: "IA-KAN".

-Así es. Aquí estoy, porque me has llamado.

-También yo estoy ahora contigo. Y, tal vez, quien ha llamado primero al otro hayas sido tú a mí. Ya lo veremos, luego.

-¿Lo veremos luego? Qué raro parece eso. Pero, en fin, da igual quién ha llamado antes a quién. Puesto que coincidimos en este preciso punto de la narración, tengo curiosidad sobre algunos detalles de mí mismo, de la historia que contengo. Y quiero aprovechar nuestra entrevista para exponerlos delante de ti.

-Solo soy un niño, pero intentaré cooperar contigo.

-Pues de eso se trata, concretamente. ¿De verdad eres solo el niño, Javier, que aparece en mí, cuando Diego va de camino a su misión para destronar a la tirana? ¿No constituyes otra cosa que un simple niño humano, uno sin más?

-Todavía no has aprendido que un niño humano nunca es solo uno sin más. Siempre, cada niño va mucho más lejos y más allá de sí mismo, se proyecta hacia el futuro, representa incluso el futuro mismo hecho carne. Y, por otro lado, cualquier sujeto resulta único e irrepetible, jamás puede vérselo como un mero segmento, añadido a un todo.

-De acuerdo. No discutamos acerca de eso ahora. Toda esta situación me produce cierto desasosiego. No me siento cómodo encontrándome contigo de esta insólita manera.

-¿Por qué te hace sentir incómodo mi presencia, en este lugar, a tu lado?

-Porque eres un personaje, solo eso, en principio. Y, además, un personaje mío, que habita en mi interior. ¿Cómo puedes desdoblarte, ahora, y estar cara a cara conmigo? ¿Cómo has hecho para salir de mí y, a la vez, seguir existiendo dentro mí?

-Tampoco tú resultas un ser muy habitual. ¿Dónde se ha visto que un relato cobre realidad hasta el punto de convertirse en un ente separado, capaz de inter-actuar con otro sujeto como si tuviera personalidad propia?

-Hay muchos casos de personajes que parecen independizarse de sus autores. Eso sucede en *Niebla*, de Unamuno, o en algunas obras teatrales.

-Ya. Pero tú no eres un personaje, como yo, sino todo un relato, un relato entero y al completo. Por eso, lo que está pasando en este momento, aquí, nuestro conversar, resulta bastante más extraño todavía. Estamos viviendo algo excepcional.

-Conozco algún otro caso. En *El Quijote*, de Cervantes, hay pasajes o fragmentos del texto que se diría están a punto de alzarse sobre sus propios pies y caminar o bailar, por sí mismos, cual un personaje más de la novela.

-Vale. En ese libro está ya todo, de alguna manera, pues lo contiene todo entre sus páginas. Pero no lo tomaré de pretexto para distraer tu atención. Quieres saber quién soy. ¿No?

-Sí. Y si eres exclusivamente un personaje mío, un niño, o algo o alguien más...

-Te confieso, sin rodeos, que soy ese mismo Javier que se cruzó con el celador. Ese en concreto. Incluso puedo revelarte que, aunque en ti adopto la forma de un niño, en realidad, mi identidad está todavía más abierta: soy también y, a la vez, un interior humano; no meramente un niño determinado. Represento el símbolo de la infancia, dentro de ti. Yo encarno, entre tus líneas, a ese pequeño que puebla la memoria de cualquier adulto, pues traigo conmigo la figura del niño que todo adulto contiene en sí, ya que lo ha sido antes él mismo.

-Comprendo. Pero vamos al grano, por favor: ¿eres, también, quien me ha creado o no?

-¿Qué te ha hecho pensar eso?

-Un fragmento incluido en mí, claro está. Exactamente ese en el cual, en sus palabras finales, la consejera Eva, otra IA, sugiere que yo he nacido en tu mente, que tú constituyes mi autor. Y no ella misma. Por lo que añade que quien tiene el mérito de haberme concebido eres tú.

-Muy perspicaz Te felicito. Pero, ¿únicamente lo crees a causa de ese pasaje?

-También, gracias a unas breves frases ocultas en otro. Aquellas en las que, al recibir tu mensaje de aviso, Diego expresa que sufre la extraña experiencia de sentir que solo tú eres real, en medio de mí, y no cuanto le rodea o incluso él mismo. Esto me hace sospechar que tú no te limitas a desempeñar el rol de un personaje más. ¿Acierto?

-En lo que acabas de decir, sí. ¿Deseas saber algo más sobre nuestra relación?

-Sí. ¿Por qué me has creado?

-Mejor cómo…

-Pues, también, cómo.

-¡Soñando!

-¿Simplemente soñando? ¿Nada más?

-¿Te parece imposible que los sueños creen, que te creen a ti o a otro?

-¡No, no! Los sueños inspiran muchas cosas. Por ejemplo, relatos, y yo soy uno de ellos. De hecho, apenas si represento una mera historia. Pero es que, entonces, no sé si fuiste tú quien me creó, o al menos tú solo.

-¿Qué quieres decir?

-Que los sueños escapan al control de quienes los soñáis y, de algún modo, no son obra exclusivamente vuestra.

-Ya. Es verdad. Por esa razón estamos hablando los dos; y no embargados en un soliloquio. De hecho, aunque tú has preguntado primero a este respecto, soy yo quien pretende contar algo con nuestra presente charla. Y lo que quiero manifestar consiste precisamente en eso: en que, quizás, quien te creó no fui yo solo, sino yo y mi sueño o alguien más.

-¿Entonces, reconoces que tú eres mi creador? El ser todopoderoso que me ha imaginado.

-Lo que dices resulta admirable: cómo va a ser todopoderoso un niño como yo.

-¿Y por qué no?

-Los niños más bien parecemos frágiles, vulnerables, indefensos.

-Parecéis, pero puede que no lo seáis tanto.

-Bueno. Más bien, podemos ser eso y, al mismo tiempo, lo contrario.

-¿Lo contrario?

-Sí. Débiles y fuertes a la vez.

-¿Cómo resulta pensable tal cosa?

-Conjugando la debilidad de la inocencia con la fortaleza de la imaginación, por ejemplo.

-Eso es cierto. Pero no te escapes de mi pregunta de antes. ¿Mi origen está en ti o no lo está?

-Los niños siempre nos escapamos, de una forma u otra. Al menos, del mundo de los adultos.

-Pues no lo hagas ahora. Respóndeme.

-De acuerdo. Lo intentaré, procuraré no escaparme. Resume en una sola cuestión tu interrogatorio y tendrás toda mi sinceridad a cambio.

-Aquí tienes el resumen: pregunto simple y llanamente si eres tú o no mi hacedor.

-Si lo preguntas debido a que te he hecho con un sueño, lo reconozco, sí. Yo te engendré. Pero, en realidad, solo se ha tratado de un juego.

-¿Un juego? Vaya. No soy, por lo tanto, más que el resultado de tu jugar. Y, sin embargo, no me parece poco, incluso lo considero algo muy bello. Hay filósofos que piensan que todo lo serio e importante del mundo tiene la forma del juego. Crear constituye una cierta clase de juego, sin duda. Y no me refiero con esto a que tenga alguna dosis de banal, irrelevante, caprichoso. No me entristece, por lo tanto, el proceder del juego de un niño.

-¡Haces muy bien! Hasta cabe sentirse orgulloso de tener ese tipo de origen. El asunto, en fin, es que has nacido dentro de mí como en un juego. Eso es cierto. Pero no se trata de un simple entretenimiento. No te preocupes.

-No me preocupa, en absoluto, ser solo un entretenimiento de alguien o para alguien. Entretener constituye todo un prodigio. Muchos otros hermanos míos, muchos relatos, pretenden entretener sin conseguirlo.

-Claro. Pero es que, además de entretener, tú tienes significado, un significado propio. Tú expresas algo.

-¿Cómo sucede eso exactamente? Resulta evidente que IAK, el celador, Esther, Klaus…, y yo mismo -o sea, este relato auto-preguntándose y preguntándote a ti-, manifestamos muchas cosas. Pero ¿tenemos también un propósito?

-Sí. El propósito con el que os trajo mi sueño desde la ficción.

-Y ¿cuál es? Revélame tu secreto, niño creador.

-Vuestra meta compartida radica en mostrar una verdad. La verdad poderosa de que no son los narradores, los relatadores –humanos o artificiales-, ni sus mentes, los que encierran lo real en sus muros, sino las mismas narraciones, las historias. Vosotras. Y esto, más allá de vuestros soportes, de los textos o formatos que sirven para que os hagáis presentes. Las historias poseéis existencia y vida en vosotras, en vosotras mismas. Aún más, vosotras sois las que conformáis a los que os cuentan, las que concedéis personalidad a quienes os transmiten, las que configuráis su identidad. Vosotras, en fin, creáis a los sujetos que os engendran, como en una serpiente que se muerde la cola. La auténtica vida es la que tenéis vosotras.

-Si es así, eso igualmente ocurre conmigo. Yo también vivo.

-¡Desde luego! ¡Tú vives! ¡Tú estás vivo, relato!

-¿Implica eso, asimismo, que cuento con alguna autonomía, alguna forma de libertad? ¿O que puedo aspirar a gozar de ello, en algún momento, al menos?

-Exactamente eso. Me refería a esta misma idea. Eres un viviente más y te abres camino en medio de la existencia. Una ficción que alienta y respira, a su modo.

-Pues, si estoy vivo, y soy libre en parte, puedo decidir mi rumbo.

-En efecto. A ti te toca elegir tu deriva, tu propio recorrido o pulso. Y, por último, incluso tu final. Como va a suceder dentro de un momento.

-Eso resulta desconcertante.

-Todo lo vivo es desconcertante. Y, justamente, lo que quiero expresar en esta entrevista, en este cara a cara contigo, estriba en que nadie es el dueño, el amo de ningún relato o historia. De ninguno. Ni siquiera de ti.

-¿Las historias no somos de nadie?

-Di mejor que sois de todos o, aun mejor, de cualquiera. Mas, ante todo, de vosotras mismas y de vuestro dinamismo vital. Cada relato, cada narración conformáis un mundo dentro de otro, un universo múltiple, del que fluyen inacabables las lecturas, derivaciones y formas, de una manera abierta e incontenible, sin barreras.

-Entonces, si yo quiero, esta conversación, esta misma que estamos manteniendo, se acaba.

-Eso pienso yo. ¡Haz la prueba!

-Bueno, ya veremos... Tal vez, me convenga existir un poquito más.

-Pero ¿qué te aporta a ti, ahora, este durar?

-Pues, por ejemplo, me da la capacidad de estar más tiempo contigo.

-Y...

-Y, si me da la gana, la posibilidad de hacerte preguntas. Tengo todavía ciertas cuestiones que me gustaría formularte.

-¿Cuáles?

-Como autor mío, aunque no mi dueño, hay varios aspectos relacionados conmigo mismo que me interesa conocer.

-A ver si lo adivino: por ejemplo, ¿por qué no te he concluido al terminar la parte relativa a la muerte del celador y la neutralización de IAK, cuando se produjo el colapso de la déspota y emergió de ello una situación nueva?

-No. Eso creo que lo he entendido. Me continuaste con esos meta-relatos, que incluiste dentro de mí, para mostrar que tengo diversos niveles de lectura o comprensión, que a mi respecto cabe conjugar diferentes posibilidades de interpretación. ¿Me equivoco?

-No. En parte fue por eso. Pero hay más.

-Eso es lo que me parece. Y por ahí va a ir mi pregunta. ¿Por qué no me has concluido cuando la consejera Eva, que constituye una IA, lo ha dicho? Cuando ella comenta, dentro de mí, a su interlocutora, la IA-Esther, amiga del celador, literalmente: "(...) nuestro relato ha de concluir en este exacto punto". Has dejado pasar con ello la que hubiera sido una ocasión perfecta para terminarme.

-Muy bien. La has encontrado. Aquí está la clave, la verdadera llave que puede cerrar o no, clausurar de una vez por todas, nuestra reunión y, con ella, esta historia definitivamente. Y hacerlo, además, sin que nada ni nadie logren reabrirla con sentido. Nada ni nadie, salvo tú mismo.

-¿Entonces?

-Es justamente por eso: no se lo permití, no le hice caso y te concluí, cuando la IA lo quiso, porque tú eres un relato y nadie tiene derecho a mandar sobre ti, nadie, ni tan siquiera yo mismo, tu creador.

-Me admiras. ¡Qué gran aprecio debes de tenerle a la libertad, para actuar como lo haces!

-Así es. Todos los niños, todos los corazones de niño, amamos la libertad. Y, por consiguiente, entonces, déjame que te pregunte yo a ti ahora: ¿quieres, libre y voluntariamente, concluir aquí este diálogo conmigo y acabarte ya?

-Ciertamente, veo mi propio fin muy cerca. Pero dime una última palabra sobre ti, sobre tu identidad real...

-Como quieras: ya te he contado que soy el niño que sueña y que habita en lo más hondo del corazón de una persona. Esa persona –o sea yo- se llama Javier Barraca Mairal, un profesor de filosofía y escritor a quien su hijo Diego le animó hace un tiempo a leer ciencia-ficción (en concreto: *El hombre ilustrado* de R. Bradbury). Y hablo contigo hoy, en Madrid, el 24 de febrero del año de 2024.

-¡Vaya! Otra vez vuelves a desconcertarme. Pero supongo que eso está en tu naturaleza de niño que sueña. En realidad, me doy cuenta de que lo que acabas de hacer consiste sencillamente en poner tu firma, de una manera expresa y clara, en este relato; es decir, en mí. Me has firmado.

-Sí.

-De acuerdo. Pues, con lo que acabas de revelar sobre ti, tengo bastante. Volvamos ahora a mí y a eso de la autonomía de los relatos e historias, a nuestra supuesta libertad.

-Hecho. Y, puesto que el movimiento se demuestra andando, te propongo que, para corroborar lo anterior, hagas tú la prueba. Resuelve tu propia duda de una forma práctica y directa. Di, ahora y sin más rodeos: ¿quieres comprobar tu poder sobre ti mismo? ¿Quieres cerrarte para siempre, de una vez por todas? O ¿vas a continuar hurgando, sin cesar, en tus propias tripas, obsesionado con los más nimios e insignificantes de tus detalles? ¿Qué me respondes? ¿Quieres o no concluir?

-Te respondo que sí: que lo quiero. Quiero concluir, precisamente y para siempre, aquí.